地球スケッチ紀行 ④

ふりむくと、そこは世界遺産だった

川田きし江画文集

人間★社

【はじめに】

ふりむくと、そこは世界遺産だった

二〇二〇年は、春からコロナ禍のために自粛する毎日で、今までの生活とはまったくかけ離れた毎日を過ごすことになろうとは、想像もしていなかった。

猛暑、酷暑の上に強風、大雨や超大型台風が日本列島を襲った。しかし大自然はどんなことにも動ずることもなく耐え、桜の花は春がやってきたことを知らせ、美しい紅葉は秋の絶景を見せて季節の移ろいを知らせてくれた。

コロナ禍以前の、どこにでも自由に行き来することができたころには、あまり気づかなかったことがたくさんあったことを教えてくれた。

里から遠く離れたところに住んでいる部族がいると情報を得ると、会ってみたいと訪ね歩くうちに、多くの出会いに恵まれた。

そんな場面をたくさんの人に伝えたいと、「地球スケッチ紀行」をメールを使って毎月配信するようになって随分とたつ。

各国を訪ね歩くうちに、日本の話に似た物語が西洋にも東洋にもあり、大自然の中で繰り広げられる人間や動物の営み、日常の現象を描写することにつとめた。ときには、暗闇の世界だけで動く妖怪や勧善懲悪の物語が豊富なことに驚き、人の規範となる伝承に耳を傾け、取材を通して私なりに言葉を紡いできたつもりである。

言語は違っていても、人間社会の奥底に流れる事象は共通していて、興味深く感じられた。心を開き合うためには、どうすればよりよい交流ができるのかを考え、わかり合えたと思えたときの歓びは格別であり，次はどんな出会いがあるかドキドキするばかりである。

振り返ってみると、実にさまざまな国、地域に行ったものだと、我ながら感心してしまう。おかげで多くの「友」と呼べる人たちにも出会うことができた。

風景に視点を転じてみれば、その土地の民族、歴史、風土が沸き立ってくる。

世界遺産めぐりが私の旅の目的ではないが、現地に降り立ち、しばし留まり、古い町並みを散策していて、ふと、ふりむくと、そこが世界遺産だったということがよくある。私にとって、世界遺産は人間の歴史そのものであると、思えるようになってきた。

コロナ禍の厳しい状況にあっても、パソコンやスマートフォンを使えば、映像を介しながら世界のほとんどのところと交信ができる。訪ねていく時間とは比べようもないほど、好きな時間に短時間で伝え合うことができる時代になった。オンラインが日常の普通になり、やり方がわからないとか、やりたくないとは言っておられない。しかし、まだ足踏み状態でできないとあきらめている人も少なくない。私もその一人である。

メールマガジン創刊のころを思いだす。まったくの機械音痴だったにもかかわらず、やればわかるだろうぐらいの甘い考えでスタートした。

しかし送信を始めると不都合なことが次々と起き、前に進むことができなかった。そんなとき周りの人たちの助けや協力があり、失敗を繰り返しながら毎号欠けることなく送り出し今日に至っている。幸せなことだと感じている。

思いつくままに海外に飛び出し、各地を訪ね歩いたからこそ、すてきな出会いの場にも恵まれた。しかし、それができないからと残念がっても始まらない。

自粛中、今まで整理もせずに放置したままの資料が山積みになっていることに気がついた。読み返してみると、そのときのことが鮮明によみがえってくる。伝統として守られてきたもの、自然の中で考えついたものなど、国は違っていても似通っていることが多い。

知り得た友人とは、今まで以上に瞬時に情報交換ができるようになり、私自身も少しは進歩した。ＳＮＳを通じて世界の「友」と会話する機会も増えた。

再びいつの日か、国境を越え、友人との交流の場が広がり、相手を思いやる心がどんどん広がることを念じたい。その日が来るまで、この本を読んで旅気分に浸り、「自分は独りではない」という安堵の心を持ち続けるのも一考かと思う。

地球スケッチ紀行④

もくじ

ふりむくと、そこは世界遺産だった

本書で訪ねた世界の地域

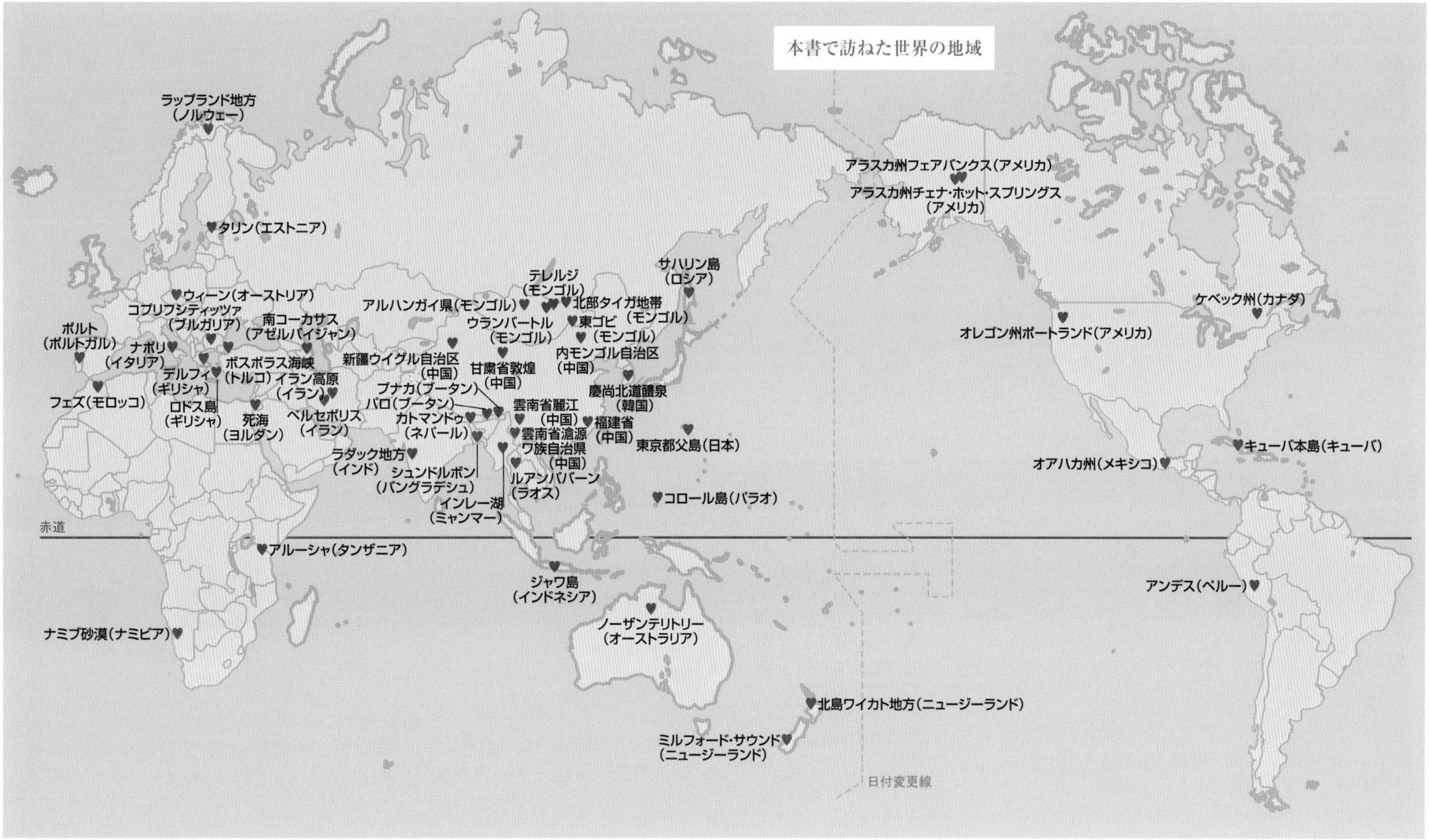

ラップランド地方
（ノルウェー）
タリン（エストニア）
ウィーン（オーストリア）
コプリフシティッツァ
（ブルガリア）
ポルト
（ポルトガル）
ナポリ
（イタリア）
デルフィ
（ギリシャ）
ボスポラス海峡
（トルコ）
南コーカサス
（アゼルバイジャン）
イラン高原
（イラン）
フェズ（モロッコ）
ロドス島
（ギリシャ）
死海
（ヨルダン）
ペルセポリス
（イラン）
新疆ウイグル自治区
（中国）
アルハンガイ県（モンゴル）
テレルジ
（モンゴル）
北部タイガ地帯
（モンゴル）
ウランバートル
（モンゴル）
東ゴビ
（モンゴル）
内モンゴル自治区
（中国）
甘粛省敦煌
（中国）
プナカ（ブータン）
パロ（ブータン）
カトマンドゥ
（ネパール）
ラダック地方
（インド）
シュンドルボン
（バングラデシュ）
インレー湖
（ミャンマー）
雲南省麗江
（中国）
雲南省滄源
ワ族自治県
（中国）
ルアンパバーン
（ラオス）
福建省
（中国）
慶尚北道醴泉
（韓国）
サハリン島
（ロシア）
東京都父島（日本）
コロール島（パラオ）
赤道
アルーシャ（タンザニア）
ジャワ島
（インドネシア）
ナミブ砂漠（ナミビア）
ノーザンテリトリー
（オーストラリア）
北島ワイカト地方（ニュージーランド）
ミルフォード・サウンド
（ニュージーランド）
日付変更線
アラスカ州フェアバンクス（アメリカ）
アラスカ州チェナ・ホット・スプリングス
（アメリカ）
オレゴン州ポートランド（アメリカ）
ケベック州（カナダ）
キューバ本島（キューバ）
オアハカ州（メキシコ）
アンデス（ペルー）

106

遥かなる時代の文化の十字路

ペルセポリス♥イラン・イスラム共和国

西南アジアの高い山々に囲まれた広大な高原の国イランは、三分の二が山岳と砂漠の国である。北にトルクメニスタン、カスピ海、アゼルバイジャン、アルメニア、西にトルコ、イラク、東にパキスタン、アフガニスタン、南にペルシャ湾、オマーン海に接し、イラン南部は長い海岸線を形成している。かつては「ペルシャ」とも呼ばれた。

紀元前二〇〇〇年、アーリア系ペルシャ人やメディア人などがロシアのステップ地帯から南下し、インダス川からエジプトまで支配する大帝国を誇っていた。ギリシャ語で「ペルシャ人の都」を表すペルセポリスの建設が始まったのは紀元前五二〇年のころ、アケメネス朝ダレイオス一世が着手し、その子クセルクセス一世によって完成された。西はエジプト、東はインドにまで勢力を及ぼしたアケメネス朝の栄光がうかがえる。宮殿はラフマト山から切り出された石材で建てられ、万国の門など随所に歴代の王の権勢と富を誇示し、国家的宗教的儀式のための都として造営されたのである。しかし、マケドニアのアレキサンダー大王の軍隊によって征服され、完成からわずか百三十年、紀元前三三一年に滅ぼされてしまった。宮殿は略奪され、炎上し、今では石造の基壇や柱を残すだけである。

階段のレリーフを見ると、雄牛を襲うライオン、朝貢者行列は土器や布、宝石、獣皮、動物などの貢物を携えている。ペルシャ王朝の属国二十八カ国中、二十三カ国から派遣された諸民族の使節や精巧な貢物など、二千年以上も前とはいえ、当時の様子がきれいに残っているのには驚いた。一九七九年にはユネスコの世界遺産に登録された。

一九三五年に国号をペルシャからイランに改め、国家の近代化に乗り出したが、女性の服装（チャドル姿）は依然として厳しい戒律で決められたままだった。

また、言語に目を向けると、ペルシャ語が公用語になっているが、地域によってクルド語、ギーラーン語、アーザリー語、トルクメン語、ガシュガーイー語、アラビア語、アッシリア語、アルメニア語など多彩である。まさに、文化の十字路といわれるゆえんである。

2001年

ペルセポリス（万国の門）
慈悲の丘といわれるクーヒ・ラハマトの山裾に残る門。紀元前に栄えたアケネメス朝のものだが、栄華を誇るかのように今もどっしりとした静けさを漂わせている。

107 錦繍のカナディアンロッキー

ケベック州♥カナダ

カナダの面積は日本の約二十六倍、九百九十八万平方キロで、三万年の昔から楯状地、平地、山脈からなる自然美を持つ広大な大陸として存在してきた。カナディアンロッキーは北米最大の山脈で三千メートル級の山々が連なり、壮大な渓谷と岩壁からなる険しい峰々がそびえている。

極北文化圏（寒冷ツンドラ）、亜極北文化圏（寒冷針葉樹林）と西部の海岸地域に広がる北西海岸文化（水産資源経済）。複数の先住民文化の地に初めてヨーロッパ人が足を踏み入れたのは一七世紀。以来、ヨーロッパ人は異なる歴史や文化を持つ先住民と共存共栄してきた。

国歌「オー・カナダ」は作詞作曲ともにフランス系カナダ人であるが、英語版の歌詞もつくられた。どちらもカナダの雄大な自然を賛美したものである。また、英語とフランス語の二つを公用語としている。「母語が英語の人」「母語がフランス語」という意味で多民族国家としての独自性を誇る。

急峻なロッキー山脈をかかえるブリティッシュコロンビア州から中部平原のマニトバ州までは、シラカバやポプラ、カラマツの森が黄色に染まる。オンタリオ州からケベック州にかけては、なだらかなカエデの森が広がる。

このシュガーメープルの森が広がったのは一八〇〇年代。英仏戦争中、ナポレオンに木材の供給を断ち切られたイギリスは、植民地であったこの地のシロマツの原生林を伐採したために、混在していたシュガーメープルの木が姿を現し、他の木よりも早く花を咲かせ、実をつけるようになった。メープルは他の植物よりも繁殖率が高く、メープルの森が広がっていったというわけだ。建国百年を記念したカナダの国旗には白地に赤い楓（シュガーメープル）がデザインされている。

カナディアンロッキーでは、木々の梢から颪の音が聞こえ、初冠雪の峰々が冬の訪れを告げんばかりに、一気に秋の深まりを感じた。

2004年

シュガーメープル

ケベック州のサトウカエデ（シュガーメープル）の原生林。樹齢40年以上の幹から採れる樹液を煮詰めたメープル・シロップはカナダの名産品となっている。

108

モンゴル人のよりどころ「仏教信仰」

ウランバートル♥モンゴル国

「赤い英雄」の意を持つウランバートルは、一九二四年に名づけられたものであるが、それまではザナバザル（初代活仏）の寺院を中心につくり上げられた宗教都市で、「フレー」と呼ばれていた。

一六四〇年には、ハルハ地方に最初に活仏が生まれたことを祝う「ナーダム（祭り）」が盛んに行われ、モンゴル人にとって「ナーダム」は国家行事・国民行事にまで高められていった。モンゴル最後の皇帝といわれる第五代ボグド・ハーンは、一八三八年にガンダン寺を建立するが、それは九つの僧院と図書館、五千人の学問僧が住む僧房を持つ大学問寺でもあった。

しかし、一九一三年に観音菩薩像が建てられるや、その後幾多の政変に見舞われ、宗教活動はことごとく禁止されてしまう。寺院のほとんどが破壊される中で、ガンダン寺はかろうじて生き残り、今やモンゴル仏教の総本山として、その名は世界に響いている。

社会主義国から脱したモンゴルは、一九八〇年初めに約百五十人の僧の修行、布教が認められ、一九九一年にはモンゴル鉱山で採掘された銅や金を使って高さ二十六・五メートルの開眼観音像が再建された。仏教を学ぶために若い修行僧をインドやチベットに派遣し、現在は約三百人の修行僧がいるといわれている。

ちなみに、モンゴル仏教は一般にチベット仏教四大宗派の一つゲルク派を指す。高僧の霊魂が死後も相続されるという思想が信仰の根本である。優れた僧をブッダや菩薩の化身とみなし「転生活仏」と呼ぶが、観世音菩薩の化身がダライ・ラマの系譜であることはよく知られている。転生活仏信仰はモンゴルで広く行なわれ、モンゴル人のよりどころとなっている。

ラマとは、僧を意味するのではなく、魂を導く師、霊的な師である。人々は輪廻から離脱し悟りに達するために、たくさんのお経が彫られたマニ車を回す。その中には経文も納められている。

寺の朝は早い。未明から僧たちは一切衆生の供養をし、五体投地を始める。やがて大講堂で全僧侶が揃って毎朝の勤行をする。

2006年

ガンダン寺

モンゴル・チベット様式のガンダン寺。木材、石、レンガ、陶磁器を資材にし、釘は使われていない。複雑な組木、淡く多彩な色合い、モンゴル特有の絵柄に目をうばわれる。

109
故郷にいるような懐かしさを感じる国

インレー湖♥ミャンマー連邦共和国

タイ・ラオス・インド・中華人民共和国に囲まれたミャンマーは、三十を超える民族が固有の文化を大切に守ってきている。一九八九年、ビルマから国名をミャンマーに変更したが、七〇パーセントがビルマ族である。

国民皆僧制度で、十歳前後と二十歳を過ぎてからの二回、一週間程度の修行が義務づけられている。日々戒律を守り修行している十万人の僧侶がいるが、仏の道一筋に一生をかけて修行する人、短期の見習いや新米僧とそれぞれである。

僧侶は十の戒めと二百二十七の律を守らなければならない。食事は午前に一回、午後からは水を口にするだけで、もちろん禁酒である。

この国の人にとっては、毎日の生活の中に〝祈り〟の時間が組み込まれている。朝七時半になると、あちらこちらの通りにご飯を用意した町の人が立つ。僧侶の列が音もなく現れ、自らの鉢にご飯を入れてもらいながら托鉢をする。生活と宗教の深いかかわりを感じさせる風景である。

ミャンマーのほぼ中心に位置するインレー湖は、南北二十二キロ、東西十二キロと細長く、水深は平均二メートル、雨季には六メートル以上にもなる。一三五九年に二人の兄弟がこの湖に住みついたことから「インレー湖」と呼ばれるようになった。ビルマ語で「イン」は湖、「レー」は息子、人々の意である。

このインレー湖の周りには約七十の集落があり、うちインダー族の村が十八ある。湖底の水草を集めて浮き島をつくり、湖底の泥を積み重ねてその上でトマト、ナス、キュウリ、トウガラシなどの野菜を栽培して自給自足さながらの生活を送っている。村ごとに持ち場が決まっており、分業されているのが特徴で、衣食住に必要なものは湖周辺で行われる五日に一度の市で売買される。

また、インダー族の漁師は、片足に櫓を巻きつけて漕ぎながら、手には籠状の網を持って細くて小さいカヌーの舳先に立ち、絶妙なバランスで船を操る。鏡のように滑らな水面を走らせて漁をする光景は、実に静かで、喧噪のない世界にタイムスリップしたかのようだ。

1996年

インレー湖の情景

11月から1月にかけて2万羽の渡り鳥が飛来する。湖上の浅瀬に高床式の水上家屋を建て生活をするインダー族、シャン族、パオ族、ダヌー族、タウンヨー族の人たち。網を曳いて漁をする小舟が湖面に小さな波をつくっていた。

110

ジャワの影絵芝居「ワヤン・クリッ」

ジャワ島♥インドネシア

インドネシアのジャワ島一帯に伝わっている影絵芝居は、一〇世紀ごろのヒンドゥー教王国時代にさかのぼる。ヒンドゥー教の聖典、仏教、イスラム教の精神をうまく取り入れているのが特徴である。「ワヤン」は影、「クリッ」は皮の意である。影は、単に光の投影ではなく、精神的な闇を比喩しており、人間の心の中に巣くう〝善悪の行為の影〟を映し出しているといわれている。

「ダラン（人形使い）」の口をかりて語られる内容は、人間がいかに生きるべきかなど、たった一人で声音《こわね》を変えて、そのすべてを語る。背後には、伴奏音楽ガムランの音が加わり、即興で語るため、同じ演目でもまったく同じになることはない。内容は古典でも、つねに新しい言葉が用意され、新鮮さを保ち続けている。

ワヤン・クリッは、上演のためにだけあるのではなく、慶事を祝い、魔除けを祈願する儀式でもある。開始時には、ダランは香木を焚き、「最後まで上演し終えること…、ワヤン・クリッを見る人の上に幸福がくるように…、最後まで見てくれますように…」と祈念する。

本物のワヤンは、水牛の革製である。少なくとも一年間は乾燥させ、人形の形を切り抜き、形の異なったノミを使って打ち抜く。気の遠くなるほどの打ち重ねの作業を繰り返した後、丹念に色を着けていく。さらに水牛の角を細工したガビットという支え棒をつくり、両手で吊り下げられるように取りつける。

数百もある演目のうち、「アルジュノの饗宴」がいちばん人気が高い。インドネシアの民俗芸能はワヤン・クリッだけなく、ワヤン・ゴレ（木偶《でく》人形芝居）、ワヤン・クリティク（板人形芝居）、ワヤン・オラン（俳優の演ずる芝居）がある。動きや扮装はワヤン・クリッを範とし、スリムピャブドヨなどのジャワ古典舞踊も振りはワヤン・クリッに拠っている。

ジャワの夕映えは美しい。漆黒の闇に変わるころ、ガムランの音が聞こえてくると、人形が幽玄な世界を醸しだす。

2010年

ワヤン・クリッ

人形遣いのダランの祈念で始まった影絵芝居。開演前に焚かれた香木が漂い、光の中でたくみに操られる人形たちの動きと語りの世界に引き込まれてしまった。

111

独自の文字をつくり上げた西夏

内モンゴル自治区♥中華人民共和国

中国西北部の内モンゴル自治区に隣接して寧夏《ネイカ》回族自治区がある。かつてここには、一一世紀半ばから二百九十年ほど、タングート族（チベット系）が建国した「西夏《セイカ》王朝」が存続した。中国風の王朝名「夏」を名乗り、宋朝から西方にある夏として「西夏」と呼ばれた。

西夏といえば、契丹文字を模しながら独自の文字をつくり上げた。西夏の文字は独特で、偏《へん》や旁《つくり》を数個ずつ組み合わせることで一つの文字がつくられ、組み合わせの違いによって意味が異なる。つまり表音・表意文字で、その数は六千を優に超える。こうした複雑な形の西夏文字は一〇三六年に李元昊《りげんこう》(西夏の初代皇帝)の命によって制定され、元朝でも用いられた。

寧夏回族自治区の首府は銀川《ギンセン》市で、緑豊かな平原都市である。黄河上流域に位置し、南部は黄土高原や六盤山地が大部分を占める平原の緑豊かな都市。郊外では南から北に黄河が流れ、銀川の北西約三十九キロにある万里の長城が内モンゴル自治区との境界となっている。

「……毛皮を着て、牧畜に従事するのは、われわれにとってもそれが便利だからである」と皇帝李元昊は言っているが、牛羊と共に牧草を追って暮らす遊牧民族は、農耕民族ほどには安定した生活を望めない。つねに食糧難にあえぎ、一方で馬を駆って異民族の侵攻も防がなければならない。

しかし、それは農耕民族にも同じことがいえ、春秋時代から国境に沿った長大な城壁が数多く建造されてきた。「農耕民族と遊牧民族の境界線」といわれるゆえんである。秦の始皇帝は、それらおびただしい城壁を結んで「万里の長城」をつくり、遊牧民族の襲来を防いだのである。

また、西夏王陵は賀蘭《ガラン》山東麓の広大な平原に点在する。南北十キロ、東西四キロの範囲に八つの皇帝陵と七十余りの陪葬墓がある。賀蘭の岩絵は、渓谷の岩壁六百メートルにわたって人、動物、狩猟の様子などを素材とした絵が先刻や磨刻で描かれている。なかには三十八平方センチに三百を超える人面や動物が描かれたものもある。

2006年

西夏王陵に刻まれた文字

賀蘭山脈の麓に点在する墳墓。背後の山の向こうにはモンゴルの草原が広がっている。お椀を伏せたような墳墓は内モンゴルの空に、大地に、溶け込んでいる。岩肌に刻まれた西夏文字が一見、漢字のように見えた。

112

日本から最も遠い南の島

東京都父島♥日本国

日本列島から南へ千キロの太平洋上に浮かぶ小笠原諸島は、南北約四百キロにわたって散在する聟島《むこ》、母島、父島、火山列島及びその周りの三十余の島々からなる。約四千四百万年前に誕生した。

一度も大陸と陸続きであったことがない「海洋島」では、島の成り立ちによって土壌に違いが見られる。乾燥に適したもの、湿性植物など、それぞれ島固有種の生物が環境に合った生態系を保ちながら進化を遂げており、小笠原諸島の自然は「東洋のガラパゴス」と呼ぶにふさわしい。

小笠原諸島は、一五九三（文禄二）年に徳川の家臣だった小笠原貞頼が発見したと伝えられている。以後も、イギリスやロシアの軍艦が来航して探検調査が行われたり、捕鯨船が立ち寄った記録はあるが、少なくとも一八三〇（文政十三）年までは無人島であった。この年、ハワイなどの太平洋諸島民が漂流して父島に辿り着き、住み着いたといわれている。入植第一号である。

小笠原の島々が日本の領有となるのは明治八年以降のことで、戦前はサイパンなど南洋諸島への中継点となっていた。一九四四（昭和十九）年には、島民は本土に強制疎開させられる。戦後はアメリカの統治下に置かれ、一九六八（昭和四十三）年に「小笠原返還協定」が公布されて旧島民はようやく帰島できたのである。

日没がやってくると西の空が真っ赤に染まり、幻想的な光が耀い波間に浮かぶ。陽が沈み夜の帳が降りるころ、森の中を緑の光がほのかに照らす。わずか一センチほどのグリーンペペ（夜光茸）のようだ。木の枝先で羽音がする。バサ、バサ、バサッ。見上げると、オガサワラオオコウモリが熟れた木の実を食べている。

父島二見港近くの路地を歩いていると、店先にオレンジ色の彩り鮮やかなタコの木の実が二つ無造作に置かれていた。気根（地上根）がタコの足のようにのびることから、この名がついた。小笠原の山の主要な木のひとつで、実は丸形パイナップルに似た形をしている。

東京竹島桟橋から定期航路「おがさわら丸（六千七百トン）」が週一便就航している。大島、式根島、三宅島、八丈島、鳥島、そして北緯二八度を越えると父島二見港まで二十五時間余りの長旅であった。

2011年

小笠原諸島・父島
タコの木に真っ赤な実がぶら下がっている。パイナップルか、ドリアンに似た形だが、どうも味の保証は難しいようだ。小笠原諸島に人が住んでいるのは父島と母島の2島だけ。それゆえに自然が守られ、青い空と海に点在する島々が美しい。

113

カリブの海に輝く夕日の美しさ

キューバ本島♥キューバ共和国

日本から見て、ちょうど地球の裏側に大西洋とカリブ海に囲まれたキューバがある。千六百以上の大小の島々で構成され、キューバ本島は東西に千二百五十キロと細長く、山岳地帯、丘陵地帯、盆地があり、中央を四つの山脈が走っている。熱帯性気候で、植物や鳥類も多く、世界でいちばん小さいハチ鳥も見られる。

一九一六年にフィデル・カストロが「キューバ革命は社会主義革命である」と宣言し、キューバは新たな国家の道を歩み始めた。すべての国民が食料や生活必需品を得られること、医療と教育を無償で保障されることを第一に配給制度と福祉制度を整備充実させるが、世界経済はキューバにとって逆風となり、国家は困窮を極めた。しかし国民の間では隣人・家族・親戚の結びつきが強く、濃厚で親密な人間関係が築かれ、治安もよく差別のない社会が保たれている。

キューバの歴史は大航海時代にさかのぼり、一五世紀、コロンブスがキューバ島に辿り着いたことに始まる。

その後スペイン人が入植し、三百五十年の長きにわたって黒人奴隷をアフリカから連れてきてサトウキビ農場や製糖工場で働かせたという。その数は百万人にも及び、結果、多種多様な民族が融合した混血社会としてキューバという国が形成され、独自の文化が根づくようになった。

「物がなければ仕方がない。工夫をすればいいのさ」がキューバ人の考え方。毎日がゆったりと流れていく。

さまざまな時代の様式が見聞できるキューバの町並み。「ボィーオ」と呼ばれるヤシの葉葺きの屋根は、形を変えて今も農村や郊外に見られる。スペインの植民地時代の影響を受けた大邸宅が現役のレストランとしても使われている。石畳、ゆるやかな坂、細い路地には土産物の手工芸品、刺繍などを売る店がひしめきあっている。

「カリブの真珠」といわれるビーチは白く続く。青やエメラルドグリーンに輝く海の色。渚を白馬に乗って気ままに駆ける。パームヤシの林のシルエットの向こうに真っ赤な夕陽が静かに沈みゆくのに見入った。

2012年

サンテリーア信仰

キューバ独自の宗教「サンテリーア」。入信を希望する者は1年間、白い衣服を身に着け、厳しい修行の日々を送る。創造主オルトマンの下に、日常のすべてを支配する12のオリーシャという神がいる。ババラオ（司祭）が、信者各人にオリーシャの言葉を告げる。

114

断崖から無数の滝が流下するフィヨルド

ミルフォード・サウンド♥ニュージーランド

美しい山や湖、入り組んだ海岸線、うっそうとした原生林。人間の心を癒してやまない、自然に恵まれた国ニュージーランド。

この国には、すでに先住民がいた。ポリネシア系のマオリ族が千年ほど前、タヒチ島周辺の島々から大海原をカヌーでやってきた。そして、新しい土地を「アオテアロア」と呼んだ。これはマオリ語で「白く長い雲のたなびくところ」の意で、北島を指している。

ヨーロッパ人として最初にこの島にやってきたのはオランダ人のアベル・タスマンで、一六二四年に南島と北島の西海岸に錨を下ろした。タスマンはチリの南の土地だと勘違いしたが、翌年に別の探検家が再調査し、ラテン語で「ノヴァ・ゼーランド（新しい海の土地）」と名づけた。「ニュージーランド」と呼ばれるようになるのは、以後百年以上たって、イギリスの植民地になってからのこと。

南島のミルフォード・サウンドはフィヨルドランド国立公園に位置するフィヨルドで、ユネスコの世界自然遺産に登録されている。タスマン海から十五キロ内陸に位置し、氷河の浸食作用によって削られた千メートル以上の断崖絶壁が続く。年間七千ミリの降水量があり、雨が降るたびにカスケードと呼ばれる一時的な滝が形成され、フィヨルドに激しく流れ込む光景は圧巻だ。険しい雪山から流れ下った清流は神秘的な青緑色に耀き、河原には薄紫、ピンク、白などのルピナスがやさしい彩りを添えている。

ニュージーランドで最も古い鳥「キーウィ」は翼が退化し、地上生活を送ることになった。分類的には走鳥類に属し、パプアニューギニアやオーストラリアのエミュやヒクイドリ、アフリカのダチョウなどの仲間である。

マオリ人にとって「キーウィ」は自分たちの兄や姉であり、自分たちを守ってくれるものと考えていた。そのため部族長は、人生の大切な儀式のときにキーウィの霊魂が宿るとされる羽毛のクロークを着て、部族長の地位と誉れを表す。

フィヨルドランド国立公園にも「キーウィ」にあやかった湖があり、町を歩けば会社名、商品名、看板やコイン、郵便切手にも「キーウィ」のデザインが使われている。ニュージーランド人のことを「キーウィ」ともいうのもうなずける。

2006年

ミルフォード・サウンド

フィヨルドランド国立公園にあるニュージーランド南島西海岸側のフィヨルド。イギリスの小説家ジョセフ・ラドヤード・キップリングが「世界8番目の不思議」と記述している。「ミルフォード・ロード」と呼ばれる世界で最も美しい道路からの眺めに圧倒された。

115

サバンナに生きる少数民族ヒンバ

ナミブ砂漠♥ナミビア共和国

アフリカ大陸の南西部にあるナミブ砂漠は、しだいに赤みを増し、稜線がくっきりと現れてくる。酸化鉄によって赤く変色した砂地には、わずかな水分が含まれ、過酷な自然環境を耐え抜いた動植物が転々と姿を見せている。

荒野では象やライオン、キリン、オリックスといった野生の動物たちが昔のままに生息し、国土の四一パーセントが動植物のための保護区に指定されている。

ナミビア最北の町オプウォからサバンナの道をジープで五時間ほど走ると少数民族のヒンバ族の集落に着いた。小さな土小屋が点在し、サバンナの木陰には腰布を着けただけの三つ編みをした髪と裸の乳房が揺れ、山羊の皮をなめした首飾りをした女性たちがたむろしていた。

ヒンバ族はアフリカで最も美形、美人の多い民族といわれている。聖なる赤い土を羊の乳や粘土で練り上げ、寒さや乾燥、虫除け、悪魔除けのために全身に塗っている。痩身で、黒い大きな瞳をしているのが特徴だ。

住居になっている狭い土小屋の中には炉が切られ、遠い先祖から受け継いだ火種を絶やしたことがない。

昼間、男たちは牛や山羊を率いて放牧に出かけ、女性は水汲みや家事、子育てをしながら留守を守っている。

遊牧生活のヒンバ族には暦も記録もない。女の子は〝初潮〟で年頃を知り、結婚し、孫が生まれると死期の近いことを悟るのである。結婚が決まった娘は、他の男に見染められないために頭巾を被って顔を隠す。

ネムの木の枝に、ヒョウタンをぶら下げたようなハタオリドリの巣を見つけた。これは、ハタオリドリがネムの葉をかみ切り、唾液でつくったもので、繊細で優雅で美しい。黒を基調に白、黄色の鮮やかな毛並みを誇るハタオリドリが巣に出入りする姿は、実に愛らしい。

鋭い獣の吠え声で目を覚ました。ロッジの窓からそっとのぞくと、地平線が夜明けの青い光に包まれようとしていた。

2000年

ヒンバ族

ヒンバ族の女性たちの伸びやかな肢体に目がいく前に、皮膚の色に目を見張る。美しい赤茶色である。変わった編み方の髪型や装身具で年齢層や既婚か未婚かがわかるそうだ。ちなみに既婚女性の凝ったヘアースタイルは3日かけて完成する。それに比して未婚女性のスタイルは随分シンプルだ。

116

音楽家憧れの芸術と文化の都

ウィーン♥オーストリア共和国

オーストリアは、国土のほとんどが山や丘陵地、谷、湖と豊かな自然に恵まれている。ウィーンの市街地の北側には広大な森が広がり、遠くにはドナウ川が流れている。ウィーンの歴史は古代ローマ時代に発する。

紀元前五世紀ごろ、この地に住み着いたケルト人がウィーン川のほとりに「ヴェドゥーニア（森の小川）」という村を築いた。この集落をローマ帝国が征服し、新たな宿営地ヴィンドボーナが置かれた。これがウィーンの地名の起源となっている。

スイスの地方豪族ハプスブルク家のルドルフ一世が一二七八年、ボヘミアのオットカル王を撃破し、ウィーンに本拠地を移し、六百四十年の統治の基礎を築いた。一七世紀からは文化の集積地として栄え、東西南北ヨーロッパの文化融合をもたらした。音楽、美術、食、建築、富と異文化、人材が流入し、ウィーン独特の国際性豊かな文化を育んでいった。一八世紀に入ると、マリア・テレジア女帝時代に宮廷文化が栄えた。華やかで豪華な宮殿の数々。ハプスブルグ家の擁護があり、モーツァルト、ベートーベン、ハイドン、シューベルト、シュトラウス、ブルックナー、マーラーなどの多くの音楽家が登場し、数々の名曲が生まれた。

音楽でいえば、ウィーン少年合唱団を忘れてはならない。声変わりする前の少年たちによって構成され「天使の歌声」ともいわれるウィーン少年合唱団誕生の歴史は古く、一三世紀末、ハプスブルグ王朝初代ルドルフの息子アルブレヒト一世が建てた王宮礼拝堂の宮廷音楽がルーツである。一四九八年に発令された「記念文書」が今も大切に保存されている。宮廷音楽隊に専属の聖歌隊を創設し、六名の少年を配属したのが、ウィーン少年合唱団の始まりである。少年聖歌隊出身のシューベルト作曲の「野バラ」や「菩提樹」は代表曲である。

現在、少年たちはウィーン市のアウガルテン宮殿で合宿生活を送っている。紺衿に白線の入ったセーラー服はかわいらしく清楚である。仲間の歌声も同時に聞きながら、お互いの声に合わせて歌うハーモニーは完璧だ。澄みきった美しい歌声は、聴く人の心に響き、天国へと導いてくれる。

2009年

アウガルテン公園
ウィーンの中心部から少し北のアウガルテン公園にある宮殿は、ウィーン少年合唱団の寄宿舎として有名。また、ハプスブルグ家の紋章を刻印するオーストリア皇室直属の磁器工場もある。広い公園は、市民の憩いの場になっている。

117 霧に浮かぶ谷間の村の城塞寺院

プナカ♥ブータン王国

雷龍の棲む国といわれるブータンの国旗は、国創設の伝説にちなんだ龍が描かれている。一二世紀ごろ、チベットにブータン仏教の開祖となる運命を持った男の子ツァンパが生まれた。ツァンパは幼いころから熱心に仏教を学び、成人するとラマからブータンに行くように命じられた。

何日もかかってペレ・ラ峠へ差しかかったとき、空に三本の虹がかかった。岩場に寺を建てる準備をしていると、雲ひとつない空に雷鳴が轟いた。それは、天が命じた龍の祝福の雄叫びである。以来、「天に舞う龍」は、雷龍を無限の力を持つ心やさしい国の守護神、平和の神としてブータンの象徴になった。

ブータンは、パロ、ティンプー、ブムタンなど二十の行政区を置く、山また山の重なる谷深い原生林におおわれた国である。

国土はヒマラヤの山ひだから地の底に続く国といわれるほど神秘に満ち、陽の差し込まない密林の奥の迷路の国である。寺の周りや山の斜面のいたるところにダルシンがはためいている。

ダルシンは経文をぎっしり刷り込んだ祈りの〝のぼり旗〟で、一回風にはためくと経文を一回唱えたことになる。

ときには物悲しく、何かを訴えるように見えるダルシンは、心の奥にひそむ悲しみや苦しみを風に乗せてヒマラヤの神に訴えているようにも思える。経文を刷った紙を収め、一回転させるとお経を一回唱えたのと同じ功徳があるというマニ車とよく似ている。

果てのない大波のような山々におおわれたこの国の花は青いケシのメコノプシス・ホリドゥラ。国樹はカシミール・イトスギ、国鳥は王冠をいただいたワタリガラスである。

ヒマラヤの天空をかける雷を「国の象徴、龍の雄叫び、よい知らせ」とするブータンには、チベットと同じように多くの活仏がいる。生まれた子供に名前をつけてもらうために高僧のもとへ連れて行くと、霊感で「この子はどこどこの寺の高僧の生まれ変わりである」と宣言された、と聞いたことがある。

1999年

プナカ

300年栄えた古都プナカ。ポチュとモチュの中洲に建っているプナカ・ゾンを眺める女性の後ろ姿がふと目に止まった。2つの川が合流するプナツァン・チュ川に沿って広がる田園の棚田を眺めているのだろうか。のどかな田園風景の中、民族衣装の柄が華やいでいる。

118

インド北部ラダックの峠を越えて

ラダック地方♥インド

ラダックはインド北部、険しい山脈に囲まれた標高三千五百メートルの地にあり、酸素濃度が平地の六割といわれている。シャンムー・カシミール州にあるレーの町はかつては王国が存在していたが、一九世紀に滅亡し、今はインド領。一年を通じてほとんど雨が降らず、ヒマラヤとカラコルム山脈に囲まれているため、陸路で入れるのは夏の間だけである。パキスタンや中国と国境に接し、カシミール地帯をめぐって紛争が絶えない。

ラダックに暮らす人の多くはチベット系民族のラダック人で、東部のチャンタン高原に住むチャンパはチベット系遊牧民、西部のブリク地方に住むプロクパ人はイスラム教徒。頭に花を飾る「花の民」と呼ばれるダー・ハヌー地方のドクパ族。チベット難民やカシミール、インド各地から来た人も多い。

その多くは、苛酷な環境の中、雄大な自然と古くから伝わる信仰を守り続けながら、青い空と大地と共に自給自足のおだやかな暮らしをしている。

千年近く昔に建てられたラダックのゴンパ（僧院）には、貴重な仏教美術が現存している。なかでも谷川を流れる川沿いに開けた美しい村の中心にあるティクセ・ゴンパは、岩山の南側に僧坊がひしめき合って建っている。

暗い堂内に入ると、四方が赤を基調とした壁画でおおわれている。凶悪なくちばしを持った怪鳥ガルーダ。無数の諸尊に囲まれながら、静かに微笑みを浮かべる釈迦や菩薩が描かれた曼荼羅。ところどころ激しく傷んでいるが、数百年前に描かれたものとは思えないくらい鮮やかだ。

「オム・マニ・ペメ・フム」とマニ車を回したり数珠を繰りながら観音菩薩のマントラ（真言）を唱える信者の姿がある。オム・マニ・ペメ・フムとは呪文のひとつで、「蓮華の中の宝珠よ永遠なれ」という意味。日本の「南無阿弥陀仏」にあたる。

家の屋根や寺院、山頂、峠、橋などいたるところで、経文が印刷された五色の祈りの旗が風になびく様は、仏の世界に誘われているかのようだ。

2012年

バララチャ峠

インド北部の山岳地帯を貫くマナリ・レー・ロードは、標高4852mのバララチャ峠を越える、文字通り天空の道。標識に結わえられた色とりどりの小旗が風に揺れていた。

119

大自然の草原を駆ける野生馬「タヒ」

テレルジ♥モンゴル国

モンゴルは広い。首都ウランバートルの東北東七十キロにあるリゾート地テレルジは、四方を山や森林に囲まれ、清流が流れていた。一九九三年に国立公園に制定されたモンゴル第三の広さを持つ自然保護区でもあった。いつ果てるとも知れないなだらかなスロープ状の草原が広がり、浸食されてできた奇岩のある渓谷、自然の力で岩が削り取られた亀石が丘の上にそびえるように居座っていた。

ウランバートルから南西約百キロのところには ホスタイ国立公園があり、モンゴル馬の祖先といわれる「タヒ（野生の馬）」が生息し、保護されている。三つの町を併せたほどの広大な公園は、砂漠あり、草原あり、森林あり、山岳ありで、希少な動物や植物、鳥類が生息する豊かな自然に恵まれている。哺乳類、両生類、虫類、魚、昆虫など四百五十種ほどが記録されている。

モンゴルで「タヒ」と呼ばれる「モウコノウマ」は、ロシアの博物学者ニコライ・プルツェワルスキーが一八七九年にモンゴルで発見したウマ科の動物である。日中は丘陵や草原の中で草を食んでいる。二百七十頭ほどの馬がおよそ十頭単位の群れで動いている。一九六〇年ごろまではモンゴルの各地で見られたが、野性のものは絶滅してしまった。一九九二年ごろに諸外国からモウコノウマが贈られ、野生化させたものである。

国立公園の入り口で、双眼鏡を手にしたスタッフが車に乗り込みタヒを探した。しばらくして山の頂きに近いところに「タヒがいる」と指してくれたが、見つけることができなかった。さらに見やすいところに行こうと山を駆け上がった。ちょうどそのとき、タヒの一群が駆け下りてきた。一団となったタヒたちが目の前を横切っていった。一瞬の出来事であった。言葉には表せないすごい迫力だった。

草原にはエーデルワイス、ルリタマアザミ、マツムシソウ、フウロソウなどが短い夏を惜しむように花をつけていた。

モンゴルは一年の大半が冬である。厳しい冬に備え、風除けのある冬営地に家畜を移し、暖かいゲルで来るべき春を待つ。それが遊牧民であるモンゴルの人々の暮らしである。

2013年

テレルジ国立公園

首都ウランバートルからいちばん近い静かな保養地で、大草原の中で生活する遊牧民との交流が楽しめる観光名所。圧巻は公園に入ってすぐのところにある大きな亀の形をした岩。高さ15mほどで、首の付け根あたりまで登ることができる。

120

山間地帯に建てられた客家人の住まい

福建省♥中華人民共和国

中国の東南沿岸にある福建省は台湾海峡の西岸に位置し、香港・マカオと隣接する。山地や丘陵のある温暖の地で、亜熱帯気候に属し、海岸線は三千余キロに及ぶ。

唐代末期の四世紀初めに、騎馬民族に圧迫され流浪して住む場所を失った北方の難民が黄河中流域に流れ着き、漢民族の末裔が客家《ハッカ》独特の文化を形成して福建省と広東省に定着したといわれている。

その後、客家人は世界各地に広がっていき、福建省をルーツとする華僑は一千万人を超えるともいわれる。ちなみに台湾に住む同胞のうち八〇パーセントは福建省を祖籍とする。

福建省の客家人は、土楼と呼ばれる独特の集合住宅に住むことで知られる。土楼は、泥を突き固めてつくった建物で、外敵の襲撃から財産を守るために築いたのが始まりで、円形のものは円楼、正方形や四角形のものは方楼と呼んだ。ほかに楕円形、五角形、半月形、八卦形をした土楼もある。百八十センチ以上の厚い土壁と竹や木の骨格からなり、高さは通常三階〜五階建て、十メートル以上に及ぶ。入り口は一つしかなく、しかも鉄板で補強された厚さ十センチ以上を超える頑丈な板戸で守られている。窓は二階より上の階にしかない。

言い伝えによると、明の時代（一六二八年〜四四年）に着工し、清の時代（一七〇九年）に完工した「承啓楼」は四つの大きな円形土楼が同心円状に並び、敷地面積五千三百七十六平方メートル、外周千九百十五メートルを誇る。中央には祖廟が置かれ、現在は江《チャン》家十五代目の五十七家族、三百余人が住んでいる。かつては一族八十家族が住んでいたこともあるという。まさに「土楼の王」である。

また、元朝中期（一三〇八年〜三八年）に建てられた裕昌楼は、「東倒西歪楼」とも呼ばれ、七百年たった今もその風格は衰えていない。劉・羅・張・唐・范の五字の一族が共同で建てたもので、五階建て。一階は厨房，二階は倉庫、三階以上が居室となっている。二階から上には走馬廊という木製の回廊が設けられており、小さな村のようであった。

2012年

客家土楼

福建省独特の集合住宅で、円形のものに興味を抱いてしまった。内部は木造で、廊下も円弧を描いている。防衛目的のため壁は厚い。直径70mを超える土楼の中で、300人以上がどのような生活を営んでいるのだろうか。

121 北欧の伝承に登場する妖精トロール

ラップランド地方♥ノルウェー王国

スカンジナビア半島の西に、ノルウェーは位置する。北は北極海、一部はフィンランドとロシアとの国境に接し、約二万人のサーメ人が住むラップランド地方となる。

東側はスウェーデン、西側はノルウェー海と大西洋、南は北海に面する。太古からの時と自然がつくり上げたフィヨルドと、森林、川、湖、突き出してそそり立つ岩々が迫る。豊かな自然に恵まれた国土は、面積三十八万平方キロ、南北に細長く、日本とほぼ同じ大きさだ。

ノルウェーは八世紀～一一世紀にかけて、ヴァイキング時代から海洋国家としての歴史を誇る。中世ヨーロッパの暗黒時代にあって、すでに東アジア・中東と交流を結び、交易商人や植民者としても活躍した。

ヴァイキング船は両先端が反った独特の形で、耐久性、安定性、推進力にすぐれ、ブリテン諸島、イベリア半島、イタリア半島、果ては北アフリカへと通商路を切り開いていった。航海術だけでなく、知識や工業技術、軍事技術で周辺のヨーロッパ諸国を凌駕していたといえる。

ノルウェーの伝承に登場する妖精トロールは、スウェーデン語で「魅惑する」という意味である。北欧神話の中に、さまざまなトロールが語られている。古代フェニキアのトルカーン・トロールは舟をたくみに操る。

トロールの能力は、姿を消したり、何にでも変化したり、未来を予知したり、人に強い力を与えたり、富を与えたりするといわれる。騒音がひどく嫌いで、教会の鐘が鳴らされるとほとんどのトロールがその地域から逃げ出したという話もある。神話時代の雷神トロールのハンマーにおびえていた名残かもしれない。小人で、丘、塚、土手の中に住み、親切で人づき合いがよく、友好関係を大切にする。山のトロール、平地のトロールがいる。

J・R・R・トールキン『ホビットの冒険』では、トロールは太陽光を浴びると石に変化する様子を描いている。今でも、日常生活でふと物がなくなった際には「トロールのいたずら」と、よくいわれる。

サンタクロースの手伝いをする
妖精ユールニッセと
森に棲むトロールたち
（ノルウェー）

2000年

森のファンタジー

サンタクロースとユール・ニッセ、そして不思議な能力を持つトロールたちが森に集合。家事を手伝ってくれたり、家に幸せをもたらしてくれるユール・ニッセへのお礼に、バターたっぷりのミルク粥を用意しておきましょう。

122 神秘的な自然現象「オーロラ」

アラスカ州フェアバンクス♥アメリカ合衆国

天空で舞い踊る華麗なオーロラ。夕方から真夜中にかけて見られる。風に吹かれるカーテンのように変幻自在に形を変えながら動いていく。

八世紀ごろからオーロラは文献にたびたび記録されている。メカニズムが解明されるまで、オーロラの出現は不吉なことの前兆として恐れられていた。オーロラは、太陽の活動と地球の磁力によって起きる現象といわれる。カーテン状に広がり、東西の長さが数千キロに及び、高さは百キロ以上になるものもある。オーロラの色の見え方は人によってまちまちだが、観測される色と出現する高度に相関関係があるといわれている。高度が低いところでは紫やピンク、高くなるにつれ緑、白、赤へと変化する。

こうした動きを見ていると、異次元の世界に取り込まれてしまったと錯覚するほど恐怖感を覚える。オーロラは、いつ、どこに現れるかわからない。出現がわずかなときもあれば、長く続くこともあり、まったく予想がつかない。光が頭上に移動し、くねくねとした光の塊の迫力に包まれたときには、思わずしゃがみ込んでしまった。

ダルトンハイウェイは、アラスカ北極圏を縦断し、北極海へ続く唯一の道である。完成は一九七七年、パイプラインの資材を運ぶためにつくられた。一九九五年以降は一般車両も通行できるようになった。

広い原野を縫うようにのびる原油パイプラインと並行して走るこの道は、全長四百十四マイル（七百六十キロ）。ひたすら北に向かう。北方森林（タイガ）地帯。アラスカハイウェイの最高地（千四百六十三メートル）の峻険の山塊が迫るブルックス山脈、そしてデッドホースまでの広大な極地ツンドラが広がる。そこではカリブー（トナカイ）や、ムース（シカ）、グリズリーベアー（クマ）、ジャコウウシなど野生動物が見られる。

北緯七一度二三分にあるバローの町は北米大陸最北端にあり、北極海にのびている。五月から八月までは太陽が沈まず、十一月から一月末までは太陽が地平線より上に昇ることがない。一年の大半が氷に閉ざされた最果ての町であった。

音もなく舞うオーロラ
フェアバンクス
（アラスカ）

2005年

フェアバンクス

アラスカ州の中央部にあるアンカレッジに次ぐアラスカ州第2の都市で、北極圏から約160km南に位置する。空いっぱいに展開するオーロラ。美しくもあり、恐怖をも感じながら壮観な大自然が織りなす絵巻を堪能した。

123 アズレージョに飾られた駅舎

ポルト♥ポルトガル共和国

ポルトガルは遠くて近い国というイメージがある。ユーラシア大陸最西端ロカ岬は北緯三八度四七分、東経九度三〇分、国土の西側は大西洋に面し、長く美しい海岸線がのびる。北東部は山間の緑豊かな地で、東側はスペインと国境を接している。日本と同じく南北に長く、温暖でおだやかな海洋性気候を生かしたブドウ栽培、ワインづくりが盛ん。酒精強化ワインのマディラワイン、北部のドウロワイン、中部のダイワインやバイラーダなど地方ごとに種類も豊富で、世界に誇れる産業となっている。

発酵中にブランデーを加えて発酵を止めることでブドウ特有の味わいを醸しだしたポルトワインはあまりにも有名である。なかでもマディラワインは、シェイクスピアの『ヘンリ一四世』で「命と引き換えにしてもよい」とまでいわしめた銘酒である。香り豊かで独特な味わいがあり、一七世紀に、赤道を通過する船に積み込んだワインが独特の風味を持つことからヒントを得て、温室で長期熟成させてつくられたものである。

ワインと並ぶポルトガルの名産は「アズレージョ」といわれる絵タイル。町を歩けば、どこにでも見ることができる。教会や通り、駅舎やレストランの内壁にポルトガル独特の雰囲気が漂う。

アズレージョとは、アラブ語のモザイクを表す「アズレーシャ」、また青を意味する「アズール」を語源にしている。

一五世紀初めにムーア人によってつくられたアラベスク模様のタイルを基に、ポルトガル独自のタイルに発展させた。一六世紀の終わりごろのことで、当時は教会や王宮などの装飾に使われた。一八世紀になると、ドイツの陶芸を取り入れ、単調な色遣いからカラフルに、形もさまざまなものがつくられるようになった。

ポルトガル北部の港湾都市ポルトから南へ百二十キロ、コインブラ駅で切符を買った。窓口で出会った駅員は宿直で、妻の手づくりのケーキとポルトワインを持参していた。夜も更けて駅に人影がまばらだったこともあり、ごちそうしてくれた。彼はアズレージョの作家でもあった。

1999年

駅舎を飾るアズレージョ

世界で最も美しい駅といわれるポルトの駅舎の壁は、歴史的出来事を描いた2万枚の絵タイル（アズレージョ）で飾られている。青の美しさとともに、一枚一枚の細密な絵に目がうばわれる。

124

エーゲ海に浮かぶ歴史と神話の島々

ロドス島♥ギリシャ共和国

数千年をかけて蓄積されてきた歴史と神話の世界――。廃墟や崩れかけた石垣、糸杉、オリーブの樹林、路地裏にも伝統の神々が現れるのではないかと、つい錯覚してしまう。

エーゲ海は地中海の東北部にあたる海域で、ギリシャ本土とクレタ島、さらにはトルコ西部に囲まれた大小千以上の島々が所在する代表的な多島海である。

エーゲ海の南限を形成するのがロドス島で、ドデカネス諸島に属し、ギリシャで四番目に大きな面積を持つ。四千年以上の歴史を誇り、真っ青な海に浮かぶ険しい岩山の上にはアクロポリスが築かれた。リンドスもそのひとつで、天然の要塞として古代ギリシャ、ローマ帝国、東ローマ帝国、聖ヨハネ騎士団、オスマン帝国が利用してきた。しかし、時代とともに神殿は崩れ落ち、風化し廃墟となってしまった。垂直にそびえる岩壁の下に、現在のリンドスの町が豆粒のように見えるが、それは古代リンドスが滅んで五百年後、一五世紀以降に廃墟の上に築かれたものだ。

糸杉やオリーブの木々の間を白壁と家並み、アーチが続き、それはまるで迷路のようだ。家の壁には建造年代が記されていたが、なんと一六世紀、一七世紀の数字が見られるではないか。

午後二時から五時まで、ロドスの町は人通りが消え、静まり返っている。夕方五時半ごろになると、町に再び活気が戻り、商店も開く。夏の強烈な日差しを避けて生活するギリシャ人古来の知恵「シェスタ（午睡）」である。

朝食は簡素なパン、十時ごろに軽くパイ、昼食は午後一時ごろから家庭でしっかりと食べ、十分なシェスタをとった後、再び仕事に戻り、午後八時ごろに帰宅して夕食となる。

ロドスの名は、海の神ポセイドンの娘で、この島にいたニンフ（妖精）のロドスに由来する。ヘリオスはロドスを見染め、孫の一人リンドスの名を冠した町をつくった。ロドスはローズから採ったもので、この島は「太陽のバラの島」といわれる。ギリシャは太陽が天から降り注ぐ。大地にも海にも人間にも――。

2004年

ロドス島
厚い城壁に囲まれた騎士団長の館。騎士団はイスラム軍に追われ、キプロス島へ、さらにロドス島へ。砦を築き、聖地奪回のために闘うが、後にオスマン帝国の攻撃を受け、砦は崩れてしまう。今見ているのは20世紀初めに修復されたものである。

125 地球上で最も低い場所にある塩湖

死海♥ヨルダン・ハシミテ王国

ヨルダンは国土の八割を砂漠が占める。しかも砂の砂漠ではなく、むき出しの岩やゴツゴツとした礫《れき》がいたるところに転がる荒涼とした土地である。かつて、ここには伝統的な遊牧生活を営むベトウィン族が多数いた。しかし現在は、遊牧範囲の縮小に伴って離職が進み、都市部に住むようになってきている。ヨルダン川の北西部は緑に恵まれ、ヨルダン随一の農業生産地となっている。

ヨルダンの気候は春と秋が非常に短く、夏は暑く、冬は雪が降ることもある。また、九三パーセントがイスラム教徒であり、公用語はアラビア語である。町の中心には必ずといっていいほど美しく荘厳なモスクがそびえている。

ヨルダン観光のハイライトは何といっても「死海」。アラビア半島北西部に位置する塩湖で、西側にイスラエル、東側にヨルダンが接する。湖面の海抜はマイナス四百二十メートルで、地球上で最も低い場所である。塩分濃度が非常に高く、生物の棲めない湖でもある。流れ出る川はなく、照りつける太陽が水分を蒸発させ、塩分濃度は三〇パーセントにも達する。自然に足が浮いてしまうほどだ。

死海を取り巻く地形は変化に富み、紅海からガリラヤ湖の北のイスラエル・シリア国境に続く大地構帯の一部を形成している。渓谷の底からは、東西に向かって隆起活動が続き、長い時間をかけて西側にパレスチナ高原、東側にヨルダン高原をつくり、高原からヨルダン渓谷へ幾筋もの沢が流れ込んでいる。

ガリラア湖から流れ出た水はヨルダン渓谷を経てヨルダン川へといたる。そこはイエス・キリストが布教活動を始めた場所で、死海の北五キロには洗礼者ヨハネの活動の場所があった。聖書の時代に多くの予言者がこの場所を歩き、数々の奇跡を起こした聖なる地で知られる。

アンマンから南へ三十キロのマダバの町は、旧約聖書によると「モーセがエジプト王の迫害を逃れて、ヘブライ人を率いて出エジプトを敢行した」とある。モーセ一行は、シナイ山で十戒を授かった後、ヨルダン渓谷の東側を北上したといわれている。マダバの西にあるネボ山が、モーセ終焉の地。モーセは、率いてきた民に「あれが約束の地だ」とパレスチナに向かうようにうながしたのである。

1998年

死海

塩分濃度が高過ぎて生物が生息できないことから、死海と呼ばれるようになった。それだけ浮力が大きく、死海に入って沈むことがないため、観光客の多くが湖面に体を浮かべる入浴を楽しんでいる。また、周囲の砂浜からはミネラルを多量に含んだ泥が採取でき、化粧品や石鹸に使われている。

126

世界最大のマングローブの原生林

シュンドルボン♥バングラデシュ人民共和国

一九四七年、イギリス領インドが独立したものの、後にインドとパキスタンが分離独立。インドを挟む形で東西に分かれて一つの国家パキスタンが誕生した。その後、インド・パキスタン戦争が勃発し、政権の実権を西パキスタンに掌握されたため、多大な犠牲を払いながらも一九七一年、東パキスタンはバングラデシュとして独立した。

国土の大部分はインド亜大陸のベンガル湾沿いに広がるデルタ地帯で、大小の河川と水路が網の目状に走る。世界の屋根ヒマラヤ山脈の雪解け水を水源とするガンジス川、北からはブラマプトラ川が低地の中央で合流し、最下流ではメグナ川と合流してベンガル湾に注がれる。

肥沃な土壌と豊富な水は水田耕作に適しており、民の半数以上が農業に従事している。その一方で、古い水路にはホテイアオイが群生し、サイクロン（熱帯低気圧）や雨季の冠水、洪水によって毎年多くの被害をもたらしている。

海抜が低いため雨季には広域にわたって洪水となり、乾季に水が引いた後も高温多湿な時期が続く。一日に二度、海水と水が混じり合い、潮が引くと風景は一変する。川底や複雑に入り組んだマングローブの根がむき出しになる。

ガンジス川の河口に広がるシュンドルボンは世界最大のマングローブの原生林。無数の川が流れ、満潮時には三分の一が水没する。マングローブの種子は新芽まで木の上で育ち、ある程度成長すると果実から抜け出し、水流に乗って漂流し着根する。マングローブの葉や種子がカニ・貝など底生動物のエサとなり、これらの小動物を大きな魚介類が食べ、それを鳥類・爬虫類・哺乳類がとらえて食べる。マングローブは「生態系」研究に欠かせないフィールドである。実際にシュンドルボンにはシカ、サル、ワニ、イルカなどが棲息し、鳥類も二百四十種以上確認されている。

ボートでガンジス川を遡上した帰路、エンジンを止め川の流れに舵をまかせ、鳥の鳴き声に耳を傾けた。動物の息づかいが聞こえる。川を泳ぎきり水辺に上がったベンガルタイガーが潜んでいる、とガイドが教えてくれる。見ると大きな足跡が原生林に続いていた。

2013年

オオミツバチの巣を求めて
小型のボートに乗り、オオミツバチの巣を探す「ハニーハンター」に同行した。大きな木の枝にぶら下がるようにつくられたハチの巣を煙でいぶしてハチを追い払い、ナタで切り取り、自然の恵みをいただく。

127 正倉院に伝わるペルシャの美術工芸品

イラン高原♥イラン・イスラム共和国

イランでは古くから農耕、牧畜が行なわれてきた。乾燥地が大半を占め、メソポタミアのような大農耕地帯には及ばないものの、家畜と共に移動生活を営む遊牧や移牧が大いに発達した。

北はカスピ海からテヘラン平野、五千メートルを超えるエルブルス山の北面は森林におおわれている。強烈な陽射しで水分が蒸発してしまうために地下水路を構築し、荒野に住む人々の生命源を保っている。荒野が灰白色に包まれているのは、塩分を含む地下水が地表に滲み出しているためである。

イラン高原を中心とする地域では、古くから独自の文明が育まれてきた。メソポタミア文明と交わりながら、アケメネス朝ペルシャがオリエント地方を平定した。それが史上初の世界帝国「ペルセポリス」であった。一九七九年には世界遺産に登録された。

アケメネス朝の領土は、アフリカの一部からインダス地方に及ぶ広大なものであった。マケドニア王アレクサンドロスの東征によりペルシャは滅亡したが、オリエント文明の伝統は東西の文明を融合させ、新しい文明が生まれた。それはシルクロードを経て唐時代の中国へ伝えられた。奈良の東大寺の正倉院にも、ペルシャの工芸品が千年以上の時を超え、校倉の中に丁重に保管されている。

とくに有名なのがササン朝ペルシャでつくられたガラス。カットグラスの手法でつくられた「白瑠璃碗《はくるりのわん》」やガラスの輪が装飾された「瑠璃杯《るりのつき》」が東大寺大仏に奉献された。ほかに鳥・獣・花・雲の文様が描かれた水瓶や螺鈿でラクダに乗るペルシャ人が描かれた五絃琵琶などの宝物が所蔵されている。一九九八年に「古都奈良の文化財」の一部として世界遺産に登録された。

世界最古の印章は、紀元前六〇〇〇年ごろに西アジアで生まれた。当時の印章は粘土板や封泥の上に押すスタンプ型が用いられた。湿った粘土が乾く前に捺して大切な宝物を封し、印の持ち主がそれを保証した。その後、イランで粘土板の上で転がす円筒印章が宝物の護符として考案された。以来、印章は認証、封印、所有権の証明、権力の象徴などの目的で現代にいたるまで広く使われ続けている。

2001年

ペルセポリス（謁見殿）

ペルセポリスはアケメネス朝ペルシャのダレイオス1世の宮殿跡。諸民族の訪問団は「万国の門」を通り、「謁見の間」で特産品を献上したという。その後、「百柱の間」に通され、大宴会が催された。

128

灼熱の砂漠に現れる荘厳な仏の世界

甘粛省敦煌♥中華人民共和国

中国西部甘粛省の小さな町敦煌《トンコウ》は、砂漠の中にあるオアシスである。

敦煌の石窟は「莫高窟《バッコウクツ》」の呼び名で知られる。敦煌市の莫高窟七百三十五、西千仏洞二十二、安西県の楡林《ユリン》窟四十二、東千仏洞七、粛北県の五個《ゴコ》廟六の八百十二窟からなる。仏教美術としては世界最大規模で、一九八七年に世界遺産（文化遺産）に登録された。

莫高窟は鳴沙《メイサザン》山の東麓にあり、石窟は断崖に南北千六百八十メートルにわたって並んでいる。四百九十二の石窟、二千体の塑像、延べ四万五千平方メートルの壁画。石窟の前にある木造の建築物も壮大なものである。

敦煌は東西交通の要衝の地で、四世紀には多くの人が往来したところだった。北涼、北魏、北周、隋、唐、五代、宋、西夏、元など十王朝を経て、長い歴史を誇るが、自然や人為的な破壊により、北涼時代（紀元前四三〇年）のものが最も古い窟とされている。巨大な仏像を納めた大像は、高さが三十四・五メートルの石胎塑像である。

一九〇〇年、莫高窟下寺に住んでいた道教の僧侶王円録は、堆積した砂を清掃中に蔵経洞を発見したが、数多くの至宝は海外に流出してしまった。とはいえ、敦煌の石窟は「砂漠の大画廊」として千年にわたる人類の信仰を集める篤《あつ》き仏国土である。

石窟では、絵画や塑像のすべてが、何らかの思想を表現している。観音菩薩の面相は慈愛に満ちた表情、厳かな中にもやさしさがあふれ、衆生を憐れむ慈悲の心が表されているといわれる。観音の左右には、救苦救難の事跡が描かれている。抽象的な思惟を具体的に示すために、真に迫る視覚的描写で宮廷の美女をモデルにしたり、天王は将軍の姿を借りたり、漢人や胡人の高僧の姿を形を変えて表現している。こうして極楽浄土の図や現世の風俗が描かれたのである。

初期のものは隈取りが特徴で、釈迦の前世の伝説。隋になると中国化が進み、上半身が大きく表現されてくる。唐にいたっては芸術が完成され、優美に舞う飛天は妖艶でもある。

1994年

敦煌

敦煌は、シルクロードの分岐点として栄えたオアシス都市。莫高窟の壁の中に長らく封じられていた敦煌文書が1900年に発見された。その学術的価値は高く、後に「敦煌学」という言葉も生まれた。敦煌を題材にした文学や映像作品も多い。

129

布教に渡った天野覚法師の足跡を辿る

サハリン島♥ロシア連邦共和国

サハリン（旧樺太）への旅は突然やってきた。北海道の北方に位置し、南北に長くのびるロシア連邦の東端である。古くは唐太とも書き、北蝦夷地とも呼ばれた。宗谷岬からサハリン南端クリリオン岬まで約四十三キロ、至近距離である。サハリンとは、満州語のサハリムランで、アムール川を意味し、また樺太は、のカラフトアムイというアイヌ語で「神がつくった島のあるところ」をいう。サハリン島にはニブヒ、ウィルタ、アイヌなどの少数民族が暮らし、早くからユーラシアの国々とも交流していた。

宮沢賢治は一八九六（大正十二）年の夏、郷里花巻から当時日本の最果ての終着駅（樺太・栄浜駅が最北端の駅だった）に向かって亡き妹の鎮魂のための旅行をした。車窓の景色に妹トシを投影する旅であった。

キラキラ光る湖のある白鳥駅のあたりは煙るように湖霧がたちのぼっていた。湿地帯で琥珀海岸の名のように琥珀が採れたところでもあった、と見聞きしたことや道中の出来事が後の『銀河鉄道の夜』のモチーフになった。

ユジノサハリンスクは、かつての「豊原」。札幌の碁盤状の街路を模して町がつくられ、美しい意匠の建物が残っていた。樺太庁博物館は日本の城郭建築であり、旧北海道拓殖銀行豊原支店は現在美術館として利用されている。朽ちかけた外壁の文字がへばりつくように残るのを見るのは胸が痛んだ。

明治十一年、愛知県濃尾平野の豊かな家庭の五男として生まれた天野覚法は仏門に帰依し、禅僧として仏法を広めるために樺太・旧豊原に赴いた。覚法の渡った百年ほど前は、日本人の町として栄えていた。覚法はかの地で遷化したようだ。

百年という歳月の重さは計り知れないが、歴史の流れに漂い、泡のように消えていった人たちが大勢いた。日本人墓地を訪ねた。背丈ほどに伸びた蕗《ふき》、紫色のルピナス、薄紅色のハマナスの花、真っ黄色のキンポウゲに埋め尽くされ、判読不明の墓標がわずかにその存在を知らせているかのようであった。

どこまでも続く花を頼りに歩みを進めると、覚法の布教の足跡がよみがえってくるような気持ちになった。ふと、アイヌ伝説に出てくるコロポックルが蕗の葉の下から飛び出してくるのではないかとさえ思えた。

2008年

コジノサハリンスク

100年の時を経て訪れたユジノサハリンスクの日本人墓地跡。蕗、ルピナス、ハマナス、キンポウゲの花に埋め尽くされて、多くの無名の日本人が永久の眠りについている。

130

先住民アボリジニの自然観

ノーザンテリトリー♥オーストラリア連邦

オーストラリア北部のノーザンテリトリー（北部準州）は、手つかずの自然が残るところである。

二万五千年ほど前、地球は氷河期にあり、海面が今よりずっと低かった。インドネシア半島と地続きであり、アジア方面から人がやってきた。男たちは動物を捕まえ、女たちは植物の葉や球根を採りながら移動生活をした。大自然に調和し、自然を崇拝する民であった。

二百年ほど前、移住してきたヨーロッパ人は、彼らのことをアボリジニ（先住民）と呼ぶようになった。そのころは三十万人ほど住んでいたが、ヨーロッパ人が持ち込んだ伝染病や紛争によって激減し、絶滅してしまった部族さえあった。

一九七〇年代からは、大きな集落をつくらずに、先祖伝来の辺境の地に移り住んでいる。

いまだに狩猟と採集を続けている民族は世界でもほとんど例がない。岩肌や樹皮に残されている伝統的な踊りや特有の銛を使った漁の技や、宗教や芸術様式（網状の模様や点で絵を描く手法）は、アボリジニ独自のもので、その歴史は古い。岩山に動物や人を描いた壁画、彫刻の絵には不思議な魅力が宿っている。

今日のように開発が進み、交流が容易にできるようになると、逆に伝統を守り続けることが難しくなりつつある。そのような中にあっても、わずかではあるが乾燥しきった内陸部に漂泊し、昔ながらの生活をしている民も存在する。

火は道具であり、天からの贈り物である。一年を通じて雨がほとんど降らず、大陸全体が乾燥しているために自然発火の山火事が起きる。植物によっては実の殻が非常に硬く、山火事の火に焼かれることによって発芽するものもある。外国から持ち込まれた木は真っ黒に焼かれて枯れ果てているのに、ユーカリなどの在来種は再び新芽を吹き出す。

大陸の植物は乾燥に順応し進化してきたのだ。植物が生えれば動物も住みつき、自然の秩序が守られ，動植物の楽園となっている。

2014年

ノーランジーロック

カカドゥ国立公園にある岩山で、アボリジニが約2万年前から利用してきた洞窟がある。内部には伝説に残る神々や空想上の動物などを細かい線で描いた壁画が多く残り、文字を持たないアボリジニの世界観を知ることができる。カカドゥ国立公園は、1981年に世界遺産に登録されている。

131

今日に受け継がれるシャーマニズム

アルハンガイ県♥モンゴル国

精霊の声を聞き、人々の心と体、そして魂を癒すシャーマン。

シャーマンとは、精霊や神々など超自然的存在と直接接触したり交信して、目に見えない現実世界へ橋渡しをする。もともとは、シベリアに住むエベンキ族の言葉で、医師、聖職者、神官、村の長老、呪術者、巫女、祈祷師など地域社会でそれなりの役職や地位を占めていることが多い。シャーマンの資質は天性のものであり、精霊に選ばれて代々受け継がれていく。

それが宗教性を帯びるとシャーマニズムとなり、モンゴルや中央アジア、シベリアなどの地域で伝統宗教としてのシャーマニズムが根強く残る。とくに、今でも多くの遊牧生活をしている民は、古くから生活の一部にさえなっている。

かつて、ソ連時代には伝統的なシャーマニズムは宗教弾圧に遭ったこともあるが、その様式や慣習はあまり変化しないまま現代に受け継がれている。その最たる理由は、近代化とはほど遠い辺境の地に暮らし続けてきたからであろう。

モンゴル神話で語られる「テングリ」は天空神、運命神、創造神の意味で、概念的には天上世界を指す。一方、地上では、さまざまな現象を支配する「主」たちには神の名称が与えられ、西天の五十五の善神と東天の四十四の悪神に分かれて争っていると考えられてきた。

このシャーマニズムに基づくテングリ信仰は、モンゴル遊牧民のゲルの中にも見ることができる。中央にはマニ車、バター油の燈明、魔除けの札や九色の布を束ねたスカーフ、お守りなど守護精霊を祀った祭壇が設えられている。

モンゴルの男たちの「狩り」について行った。追っ手と撃ち手に分かれ山の中を進む。けたたましく動物を追い出す声が近づく。声が止まったかと思った瞬間、銃声が鳴り響いた。黒い塊が山から転がり落ちた。

射止めたのだ……。

帰路、にわかに空が怪しくなり、背後から雨雲が追いかけてくる。濡れないうちにゲルに戻りたいと、馬に鞭を入れる。突然目の前に、大きな虹が色味を強めていく。その外側に、さらにおおいかぶさるように二重の虹がかかった。

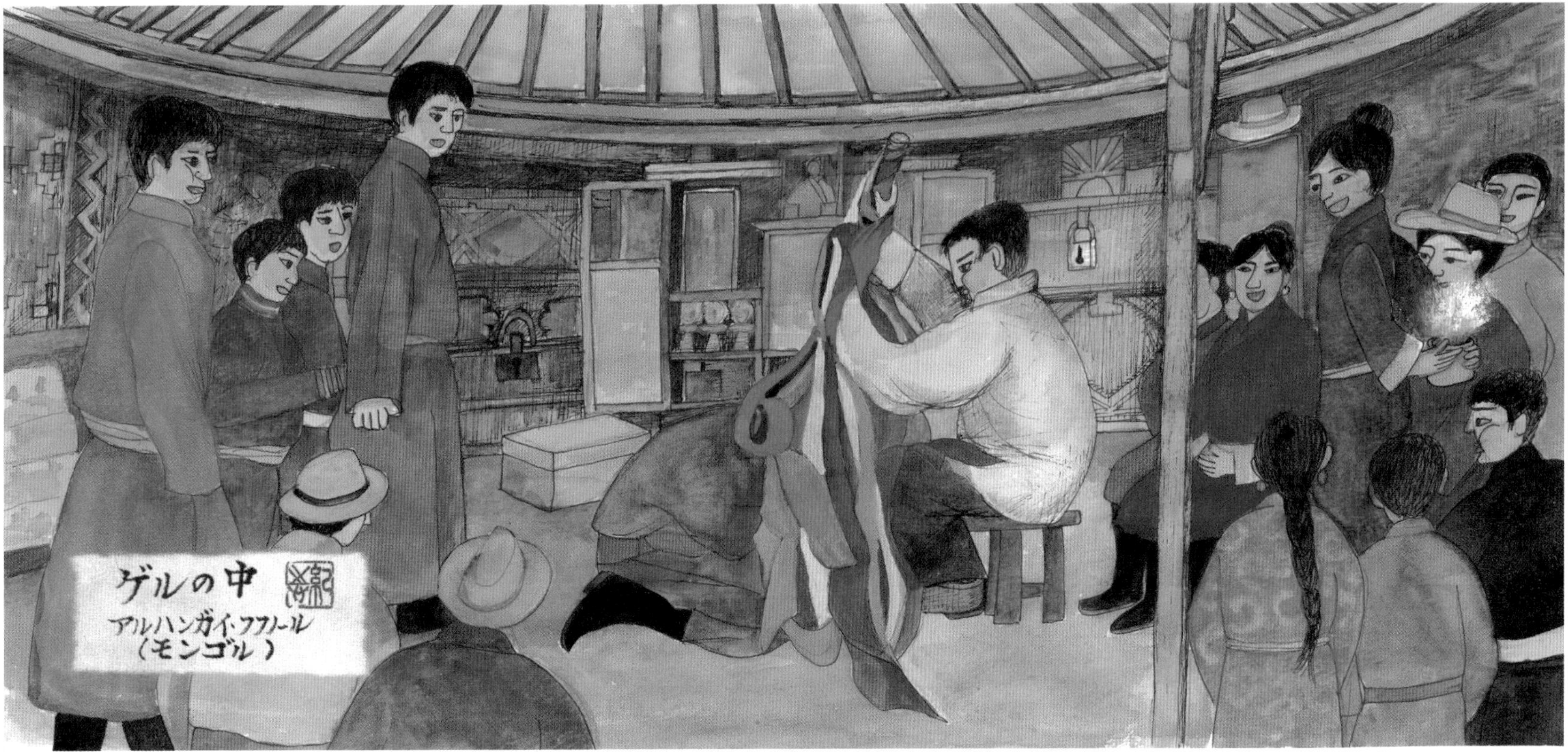

1998年

モンゴルのゲル

ゲルは、モンゴル草原に住む遊牧民の伝統的な移動式住居。形状は円形で中心の2本の柱によって支えられ、屋根は中心から放射状に梁が渡される。壁の外周部分の骨格は木組みで、菱格子に組んであるのが特徴。内部は直径4m〜6mほどの広さがあり、西側に男性、東側に女性が住まう。中央にはストーブを兼ねた炉がある。

132 アフリカ大陸を引き裂く巨大な割れ目

アルーシャ♥タンザニア連合共和国

タンザニアは南半球にあり、アフリカ大陸の東側インド洋に面している。ケニア、ウガンダ、ルアンダ、ブルンジ、ザンビア、マラウイ、モザンピークと国境を接し、タンガニーカ湖対岸にはコンゴ民主共和国がある。

インド洋東二百キロにあるコモロ、六百キロ南東にセイシェルの島がある。南緯一～一一度、東経三〇～四〇度に位置し、東西千百キロ、南北千二百キロ、四万五千九十平方キロの国土面積を有する。日本の二・五倍ほどである。

タンザニアの地形は、アフリカ最高峰のキリマンジャロを擁し、アフリカ最大の湖水面積を持つヴィクトリア湖はナイル川の源流でもある。また、ヴィクトリア湖に次いで大きいタンガニーカ湖は最大水深が千四百七十メートルで、ロシアのバイカル湖に次ぐ世界第二位の水深である。

東アフリカの高原地帯を南北に貫く地溝帯はグレート・リフト・バレーと呼ばれている。この大地溝帯の谷は、幅三十五～六十キロ、深さ六百五十五メートル。北端のレバノンの西の地中海から南下し、アカバ湾、紅海からエチオピアの低地を横切り、ケニアのトゥルカナ湖を通りタンザニア北部にあるナトロン湖、エヤシ湖の東部地溝帯。ウガンダ、コンゴ国境のアルバート湖からタンザニア西部のタンガニー湖、マラウイ湖からモザンピーク、そしてインド洋へ抜ける西部地溝帯。二つを合わせると総延長七千キロに及ぶ巨大な地球の割れ目である。

タンザニアの人口三千五百二十万人、百二十から百三十の民族が住み、それぞれに言語がある。ほとんどの家は草葺きで、日干しレンガの壁の内側には泥が塗られている。床は土のままで、ダニの発生予防に牛の糞が塗られている。

十四カ所の国立公園、三十四カ所の動物保護区及び自然保護区があり、野生動物の宝庫となっているが、外国人観光客と環境保護のために設けられた施設で、タンザニア人がほとんどふれる機会はない。

アフリカで有名な植物がサバンナ地帯に広く生育するバオバブの木だ。サン＝テグジュペリは『星の王子さま』の中で、この木の印象を「バラとミニ火山とバオバブの木が、心の中のふるさとと小惑星の中にある」と記している。

2003年

アルーシャ

アルーシャは、タンザニアの第2の都市。アフリカ大陸の中央に位置し「アフリカのへそ」と呼ばれている。周辺にはセレンゲティ国立公園やオルドバイ峡谷、キリマンジャロ山、ンゴロンゴロ保全地域など、世界的に有名な観光スポットが数多くあり、サファリツアーの拠点にもなっている。

133

海底トンネルを走る地下鉄

ボスポラス海峡♥トルコ共和国

三方を海に囲まれ、標高五千メートル級の峰を有するトルコは、自然も景観もバラエティーに富んでいる。透き通るような青い海、火山があり温泉が多い。また緑あふれる牧歌的な風景が続く。

千年の都、ビザンツ帝国時代の栄華を誇るアヤソフィア、オスマン朝のトプカプ宮殿などの歴史的建造物は、いまだに中世の雰囲気を醸しだし、その帝国の末路をしのぶことができる。ここに歴史の面白さがある。

アジアとヨーロッパを結ぶ国際都市トルコは、東西交流の要。ボスポラス海峡は、黒海からマルマラス海峡を結ぶ三十一・五キロ。ヨーロッパ側の海岸線は三十五キロ、アジア側は五十五キロに達する。

この海峡に架かるファーティフ・スルタン・メフメト橋は一九八八年に完成した千五百十メートルの巨大な吊り橋で、日本の高い技術が注ぎ込まれた。第二ボスポラス橋の通称で知られ、交通量は一日十八万台の車が行き交う。

そのボスポラス海峡を横断する地下鉄が二〇一三年十月二十九日、トルコ共和国九〇周年の記念日に合わせて開通した。海流の流れが早く、最深部五十六メートルの海底に十一個の函体からなる沈埋トンネルで、アジア側のウスクダル駅から欧州側のイエニカプ駅まで四駅十三・六キロを結ぶ。これにより従来フェリーで三十分かかっていた海峡間の移動がわずか四分に短縮された。

トルコと日本との交流は古く、オスマン帝国の軍艦エルトゥールル号が和歌山県串本沖で難破し、五百名以上の犠牲者を出した海難事件で地元住民が手厚い救援活動を行って以来、百年以上の歴史がある。

ボスポラス海峡周辺には、乙女の塔、ルメリ・ヒサル、ボスポラス大橋、トプカプ宮殿、ドルマバフチェ宮殿、アナドル・ヒサルなど遺跡の数々が建ち並び、一九八五年に世界遺産に登録されている。世界で最も美しいといわれるボスポラス海峡を、海側から観光船でゆったりと眺めるのも旅の醍醐味である。

多くの民族の興亡があり、文化を育んできたトルコ。どこを訪れても遺産が点在し、悠久の歴史にふれることができる。

1995年

ボスポラス海峡
トルコのヨーロッパ部分とアジア部分を隔てる海峡である。両岸にはトルコ最大の都市イスタンブールがあり、「イスタンブール海峡」としても知られる。ボスポラスとは「牝牛の渡渉」という意味で、ギリシャ神話にその由来がある。現在、海峡には3本の自動車専用橋が架かり、いずれも第1～3の通称ボスポラス橋で呼ばれる。

134

太平洋に浮かぶ島々と謎の遺跡「ケズ」

コロール島♥パラオ共和国

広大な海域に点在するパラオの島々は、時代の荒波にもまれ、異文化に翻弄されながらも南の島の伝統を守り続けてきた。

パラオ人は、紀元前一五〇〇年ごろにインドネシア方面から渡来したモンゴロイドといわれている。一六世紀になって、ミクロネシア諸島にヨーロッパ人が訪れるようになり、一五七九年にはイギリス人が交易を行っている。一七八三年、英国船が座礁し、大酋長が救助したことでヨーロッパ諸国との交流が活発化するが、それはスペインやドイツによる植民地化へとつながった。

その後、一九一九年にドイツの植民地支配を脱し、日本の委任統治領になった。コロールに南洋庁が置かれ、学校や病院、道路などが整備された。移民による殖産興業と地元民への教育も進められ、コロールは急速に繁栄した。太平洋戦争前にはパラオ人の三倍に近い日本人が住んでおり、今でも日本語の読み書きができる人がいるという。第二次世界大戦後は一九四七年にアメリカ統治となり、一九九四年十月一日に独立、コロールが首都となった。

その後もコロールは発展を遂げ、パラオ国民の過半数が居住し、経済の中心地を担っている。ショッピングセンターや銀行、レストランなどが数多く建ち並び、病院や放送局もある。日本の大使館と中華民国の大使館も設置されている。しかし、二〇〇六年十月七日、首都はコロールからバベルダオブ島のマルキョクへ遷都する。

パラオには不思議な形をした山が多い。段々畑のような地形で、代表的な遺跡「ケズ」が多く見られる。底辺百メートル正方形、高さ三十メートル、七段のピラミッド型、前方後円墳城壁型をしているものが三十基ほどある。

パラオを代表する建築物に、二等辺三角形の草葺き屋根が特徴の「バイ」がある。入念な装飾が施され、女性立ち入り禁止のバイラルバックと、集会用、学校のようなクラブハウスの二種類がある。内側と外側の壁には象形文字や絵文字の木彫が描かれ、四隅の梁にはパラオに伝わる歴史や物語が描かれている。集会用のバイは、パラワン（島民）としての伝統と魂を学び、次世代に受け継いでいく場所でもある。

2008年

謎の遺跡「ケズ」

ケズの頂上部に盛られた土は「ブックル」と呼ばれ、高さ4～5mのふくらみの中央には窪地がある。インドネシアのボロブドゥール遺跡とよく似ており、古代パラオ人が漂着か寄港したインドネシア人たちから仏教を教わり、宗教的聖地としてケズがつくられたという説がある。

135

原始の精霊が宿るアミニズムの信仰

雲南省滄源ワ族自治県♥中華人民共和国

中国西南部の内陸に位置する雲南は雲海の国であった。北に万年雪を頂く秀峰ヒマラヤが連なり、南はラオス、ミャンマーと国境を接する。東南アジアを思わせる風景が広がる。面積三十八万平方キロのうち九三パーセントが山地高原で、三千百七十三万人が住んでいる。中国五十五民族のうち二十五の民族が雲南に住み、その中の十五民族のほとんどが雲南だけに定着し、独自の言語、文化、風習を守り、自然と共存する暮らしを続けている。

少数民族のひとつ「ワ族」は、雲南の南西部からミャンマーにかけて、主に密林におおわれた山岳地帯で生活している。首狩りの風習があり、狩った敵の首を集落の入り口に置いて悪霊の侵入を拒んだ宗教儀式を一九五八年（文化大革命のころ）まで行っていた。ワ族の宗教アミニズムには、万物はすべて精霊が宿ると信じられ、祭事には水牛も重要な役割を果たしている。

霧が多いという意の滄源県の山の最深部にあるワ族の村、翁丁村《ウオンディン》を訪ねた。ワ族が住む村には「ロンモイエ」という多数の神様が揃う聖地があり、そこには太鼓が置かれていて村人以外は立ち入ることができない。神秘的なガジュマルの木の下に置かれていると聞かされた。

長老から「ムニヘ」という墨を額につけてもらい、歓迎酒に口をつけることから祭儀は始まった。案内されるままに村に入り、ワ族を象徴する楽器「拉木鼓」をつくる材を村に運び入れる儀式を高台から見ることができた。木鼓は儀式の始まりを告げる、村の行事に欠かせない楽器なのである。

キジの羽根のついた赤い帽子をかぶったバイチャ（司祭）がニワトリの生け贄を片手に采配をふり、着飾った女性が綱を引く。女性は黒い布地に赤い刺繍をした民族衣装、彩り鮮やかなターバン、胸に銀製の花飾りをつけ歯を黒く染めていた。男たちは竹製の楽器を奏で、山から切り出した材を運ぶ。祭りをにぎやかに盛り上げる男たちの胸には牛頭の入れ墨が彫られていた。

四百年の歴史を持つワ族の長老、葉さんは七代目。歯を黒く染めた気品漂う夫人は、銀のキセルをくわえ、胸に銀製の花飾りをつけていた。

2013年

「拉木鼓」の儀式

木鼓は体鳴楽器の一種で、木材の内部をくり抜いて空洞化したものを1～2本のバチでたたいて音を出す。ワ族にとって木鼓は霊力を高める聖なる存在であり、村には必ず木鼓を収納する小屋がある。その小屋づくりが「拉木鼓」で、ワ族にとって最も大事な祭儀といわれている。

136 世界で最も複雑な迷路の町

フェズ♥モロッコ王国

モロッコは、紀元前三〇〇〇年ごろからベルベル人が住んでいた。紀元前一二世紀にはフェニキア人が到来し、紀元前五世紀にはカルタゴの植民地、そしてアラブの幾多の王朝の変遷に翻弄されてきた。

モロッコの北部のリフ山脈とその南に続くアトラス山脈に挟まれたフェズは、旧市街フェズ・エル・バリと一三世紀末のマリーン朝のときに設立されたフェズ・エル・ジャディード（新しいフェズ）を経て、二〇世紀に入りフランスの保護領となって市街は整備された。とはいえ、人口の半分は古いメディナ（旧市街）で昔ながらの生活をしている。

イスラム教の祖ムハンマドの婿イドリスがバグダッドのイスラム王朝アッバース朝に反乱を企てたが激しい迫害に遭い、中央モロッコに亡命し、古くから住むベルベル人の信頼を得てこの地にイスラム王朝を興した。

八〇八年、イドリス二世が、フェズ川の両岸に新しい町をつくった。川の右岸を先住民のベルベル人とイベリア半島からの移住者、左岸のカラウィン地区にはカイルアンからやってきたアラブ人を住まわせた町、それがフェズである。

世界一複雑といわれる入り組んだ小道と袋小路による迷宮の町フェズ・エル・バリは、なだらかな丘の斜面にへばりつくように広がっている。起伏に富み、坂が多く、狭くなったり、行き止まりになったりした道を人々が行き交い、その間を荷物を積んだロバや馬が通り抜けていく。

何百メートルも続く商店街には、肉屋や八百屋、レストランやパン屋、衣類を並べる市場、モスクや神学校もあれば皮をなめす工場が所狭しと建ち並んでいる。広い中庭のある豪邸もあれば。箱のような小さな家々が固まって建つ場所もある。川もあれば野原もある。

複雑さは想像以上で、無秩序に蟻の巣のようにのびている。「石畳を見て歩けばよい」と聞いたが、怒号と喧噪が飛び交う雰囲気に圧倒され、足元を確かめる余裕はなかった。

モスクからはアザーンの声が響いていた。

2008年

ブー・ジュルード門
旧市街フェズ・エル・バリの西の玄関口。12世紀から存在する城門で、メディナを横断し、市の中心部のカラウィーイーン大学へとつながる。壁面はアラベスクを描いた多色のタイルでおおわれ、外側は青、内側は緑が基調となっている。

137 シルクロードのオアシス「ニア遺跡」

新疆ウイグル自治区♥中華人民共和国

四千メートルの高山が東西に連なる天山山脈、その南側にタクラマカン砂漠、さらに南側には万年雪を頂いた崑崙山脈、東側には世界の屋根といわれるカラコルム山脈と行く手を阻むパミール高原がある。東西交通は決して容易ではなかったが、山々の雪解け水は山麓の扇状地にオアシスを発展させ、そのオアシスを結ぶのがシルクロードである。

敦煌から桜蘭を過ぎ、タクラマカン砂漠の南端に沿ってチャルクリク、チャルチェン、ニヤ、ホータン、ヤルカンドを経てカシュガルにいたる。その大部分が一九五五年に設立された新疆ウイグル自治区に属し、中国の最西部に位置する。首府は烏魯木斉《ウルムチ》市。面積百六十五万平方キロで中国全土の六分の一を占める。インド、パキスタン、アフガニスタン、タジキスタン、キルギス共和国、カザフスタン、ロシア連邦、モンゴル国の八カ国と国境を接し、国境線の総延長は約五千七百キロに及ぶ。人口は約二千五百万人で、ウイグル族をはじめ漢民族、カザフ族、回族、キルギス族、モンゴル族などさまざまな民族が居住する多民族地域でもある。

タクラマカン砂漠には遺跡が数多く点在し、ニヤ遺跡もそのひとつ。紀元三～四世紀に幻のように忽然と消えてしまったニヤ・オアシスの跡で、一九〇一年にハンガリー出身の探検家オーレル・スタインによって発見された。尼雅《ニヤ》川の川床上に築かれていたことから、このように名づけられたと考えられる。

スタインの調査によると、東西約四キロ、南北約六・五キロ。多数の果樹園に囲まれた住居跡があり、灌漑水路や貯水池、大きな木橋の遺構が見つかっている。

出土品も豊富で、木簡にはカロシュティー文字が記されている。雨の降らない乾燥した気候条件が、絹や織物や家屋の木製の遺物、古い時代に埋葬された人々の遺体《ミイラ》の保存に適合し、悠久の時を経ても静かに眠っているようであったと報告されている。

なお、シルクロードは中国の第一号として二〇一四年に世界遺産に登録された。

1995年

シルクロード・ニヤ遺跡

ニヤ遺跡の周囲には立ち枯れた胡楊（コトカケヤナギ）の大木が点在していた。かつては豊富な地下水脈を持ち、樹木や草が生い茂り、人や動物が住むことができたのだろう。

138

東西文化の交差点として栄えた地域

南コーカサス♥アゼルバイジャン共和国

四千メートル級の山脈が連なる大コーカサス山脈、ロシア語では大カフカスという。気候は、熱帯砂漠気候から地中海性気候まで多様で、夏は暑く乾燥し、冬は極寒の低木ステップ地帯となっている。そのコーカサス山脈の南側に位置するアゼルバイジャンは、国土面積が八万七千平方キロで、日本の北海道ぐらいの小国である。レズギン、ロシア、アルメニア、タリシュ、アヴァール、トルコ人が住み、人口の九五パーセントがイスラム教を信仰している。

歴史的には、カフカス・アルバニア王国から始まり、ササン朝ペルシャ、アラビア、モンゴル、イラン、ロシアと幾多の民族の支配があり、一九九一年にアゼルバイジャン共和国として独立した。

とはいっても、独立までには紆余曲折があった。それまでソビエト連邦を構成する一つの共和国に過ぎなかったが、一九八八年にナゴルノ・カラバフ自治州でアルメニアの帰属替えを求める運動が起こり、一九八九年十月五日に共和国主権宣言を行い、一九九一年二月五日に国名変更、同年八月三〇日、共和国独立宣言。同年十二月二十一日に独立国家共同体に参加し、四日後の二十五日にソ連邦が解体・消滅したことでアゼルバイジャンは、ようやく独立国家となった。

旧ソ連邦の時代からアゼルバイジャンは石油採掘と精製の一大中心地であった。二〇〇六年にバクー、グルジア、トルコを結ぶ原油パイプラインが開通し、日量百万バレルの輸送能力を誇っている。

首都バクーは、ペルシャ語で「風の町」を意味し、一年を通じて強い風の吹く日が多く、大地のほとんどが砂岩におおわれ、石も丸みを帯びている。

バクーは古くから東西文化の要衝の地であり、シルクロードの中継地として交易を中心に栄えてきた。一八世紀ごろに建てられたキャラバンサライが今も残り、ムガム（民俗音楽）の演奏が夜が更けるまで続いた。

ムガンの歌唱と、アゼルバイジャンの代表的な伝統楽器であるタールとケマンチャ、カヴァルの豊富な音色が、複雑に絡み合う歴史の音色のように響きわたっていた。

2007年

乙女の塔

12世紀に建てられた乙女の塔は高さ30m、外壁は4～5mあり、もともとは要塞であったが、18～19世紀には灯台として使われた。今でもバクーのシンボルとなっており、この塔を含め、シルバン・シャー宮殿、ハマム（浴場）、モスク、キャラバンサライ（隊商宿）などが世界遺産に登録されている。

139 伝統の文化・風習を守るインディヘナ

オアハカ州♥メキシコ合衆国

メキシコの面積は日本の五・五倍で百九十七万平方キロ、人口一億二七五七万人。北緯一四度から五三度の間に位置し、山系が複雑に交差していて、地形と標高によって風土が大きく異なる。

一八二一年の独立以来、特別連邦区だったメキシコシティが二〇一六年に憲法改正により州となり、現在は三十二州を数える。地域としては北部、北部太平洋岸、メキシコ湾岸、ユカタン半島、南部太平洋岸の五地域に分けられる。

メキシコは多民族国家である。先住民族のインディヘナ、スペイン系ヨーロッパ人、スペイン人とインディヘナの混血メスティーソ、スペイン植民地時代に奴隷として渡ってきたアフリカ系黒人の子孫、一九世紀以降に移民した中近東及びアジア人の子孫など、実に多様な人種で構成されている。太古の時代から高度な文明を開花させていたインディヘナは今も人口比の三割を占め、独自の地域社会を形成している。

紀元前八〇〇年から四〇〇年の間に都市の基礎がつくられたオアハカ市は、碁盤の目のように整然と区画されたコロニアル建築の町である。そこには多くのインディヘナが暮らしている。小柄で東洋的な顔立ちをしているのが特徴で、伝統衣装をまとい、萱葺き屋根と泥レンガの家に住み、女性たちは野良仕事のほかに手織りの布を織るなど、昔からの生活を守っている。一九八七年には「オアハカ歴史地区とモンテ・アルバンの古代遺跡」の名で世界遺産にも登録された。

キリスト教と土着の伝承宗教を融合した信仰があり、日曜日の早朝には独自のミサを行っている。また、病に罹ると、イロールと呼ばれる特別の能力を持つ女性のところに連れていき、祈禱をしてもらうという。疾病には炭酸ガスと卵が効くと信じられているためか、教会に供物として捧げられる。

人が亡くなると、家族は一つの墓に埋葬されるが、十字架は子供は白、成人は青か緑、老人は黒と区別されている。宗教儀式でいえば、オアハカのゲラゲッツァ祭もよく知られている。古来は、トウモロコシの神に豊作を祈る祭りであったが、今では伝統衣装を身につけた踊りが見どころ。ババロアバン地域のパイナップルの花の踊り、サボテコの羽毛の踊りが有名である。

1997年

オアハカの市場

オアハカでは、曜日ごとに異なる場所で市場が開かれている。何百年も続く「ティアンギス」と呼ばれる青空市場で、生鮮食品から生活必需品まで必要な物はすべて揃う。また、色鮮やかな伝統衣装やコパルの木でつくられたカラフルな動物の置物、毛織物タテペなど、オアハカ民芸品の宝庫でもある。

140

今日によみがえった古代都市ポンペイ

ナポリ♥イタリア共和国

二千年の時を経て火山灰の下からよみがえった町ポンペイは、七九年八月二十四日の昼過ぎ、ヴェスヴィオ火山の噴火によって町ごと埋め尽くされた。イタリア南部、ナポリの東南二十二キロにあるこの遺跡は、ナポリ湾を臨むサルノ川の河口付近にあった古代都市で、商業と貿易で栄えた。

すでに紀元前二世紀には町ができ上がっており、紀元前八〇年にローマ帝国の植民地となると、ワインの生産と交易で発展した。

それも束の間、六二年二月五日にポンペイを大地震が襲った。神殿や劇場、町並みはすべて廃墟となり再建に取りかかったが、再建が不完全な状態で七九年に標高千百三十二メートルの外輪山ソンマ山がポンペイの町をのみ込む大噴火を起こし、標高千二百八十一メートルの荒々しいブェスヴィオ山となった。この噴火は三十時間も続き、火山灰が降り火砕流が雪崩れ込み、ポンペイの町は完全に埋もれてしまった。以後千六百年間、人目にふれることなく忘れ去られていた。

一五九九年、町の上に運河を敷設するときにサルノ川を掘っていて、遺跡は発見された。だが、本格的な発掘は一九世紀、イタリアが統一されてからのことである。堆積物の空洞に石膏を流し込む手法で、一辺約二キロの城壁に囲まれた二千年前の古代都市と人々の最後の暮らしが再現された。

パン屋で炭化したパン、鎖につながれた犬、ねじ曲げた体など、当時のそのままの姿が残る。

市街の西のフォルム（公共広場）の周りには神殿、市場、市役所、車道と歩道が区別され、すべてが舗装されていた。ローマ時代には公衆浴場、体育館、劇場、円形劇場の施設があり、一般の住宅も客をもてなしたり、奴隷が働いていたりした。多目的に使われた大広間、庭園を囲む列柱回廊、壁画が飾られた部屋。大理石やブロンズの彫刻のある庭園など豊かな暮らしぶりが明らかになった。

ヴェスヴィオ山は、今は休止しているが、いつ起こるかわからない火山の噴火にナポリの人々は不安を抱きながらも、陽気に楽しく生きているように思われた。

イオニア式柱が並ぶバシリカ
（ポンペイ．イタリア）

1999年

イオニア式柱が並ぶバシリカ
バシリカはギリシャ語で「王の列柱廊」を意味し、古代ローマで裁判所や取引所に用いられた集会施設を指す建築様式の言葉でもある。一方、イオニアは神殿建築の様式で、列柱の頭部の渦巻き模様が特徴。

141 広大な砂漠に描かれたナスカの地上絵

アンデス♥ペルー共和国

今からさかのぼること千二百年から二千年前のこと、アンデス山脈の麓のナスカ台地には、数多くの動物や植物、巨大な渦巻きと三角形や四角形の幾何学模様、放射状に広がる七百本以上の直線が台地全体に散らばって描かれている。いつ、誰が、何のために、どのようにして描いたかは諸説があり、決定的なものはない。ナスカの台地は、ほとんど雨が降らない乾燥した砂漠地帯である。地表が酸化して黒くなった黒石を取り除いたかのように、線描きされた地上絵は地面に白く浮き出ている。

リマから南へ四百五十キロ、ナスカ砂漠の五百平方キロの範囲内に地上絵群がある。ハチドリ、ペリカン、タカ、コンドル、サル、フクロウ、クジラ、クモ、イグアナ、トカゲ……そしてヒトと思えるものまで、渦巻きや幾何学模様と並んで描かれている。直線は丘を越え、谷を渡って数キロにも及ぶものもあるという。もちろん、これらの線や形は上空からしか見ることができない。

ここアンデスの人々の精神性は特異な宗教観と天文学によって形成されているようだ。アンデスでは、天体を動物に見立てる習性があったといわれており、広大無限の夜空に輝く星座に、見果てぬ動物を想像したのではないだろうか。サルやヒトの手に見られる九本指の絵柄は何を物語っているのだろうか。星追い人、アンデスの人々の思いが地上に転写されたのではないだろうか。

そんな思いに駆られながら、アンデス上空に身を委ねた。

セスナ機のパイロットは、案内しながら得意げに右旋回、左旋回を繰り返し飛び回ってくれた。「クモ」や「ハチドリ」など、窓越しに認識できた図形はほんの一部だった。ところが、パンアメリカン・ハイウェイがナスカ台地の地上絵を無惨にも切り裂いて横切っているのが、よく見えた。

二〇一二年、ユネスコ世界遺産に登録されたが、このナスカの地上絵を保存していくためには、自然の浸食以外に人間による破壊を極力なくす努力が必要だ。ましてや、この不思議な地上絵の人類学的解明や研究、環境技術による詳細な科学的分析が大切だと痛感した。

1998年

ナスカの地上絵・パルパの地上絵

ペルー南部の高原の砂漠に描かれた巨大な地上絵はナスカ文化の象徴だが、そのすぐ隣のパルパでも全長37mのネコ科動物の地上絵が発見されたとペルー文化省は発表した。ナスカ文化よりも古いパラカス文化のもので、山腹に描かれている。（2020年10月21日＝AFPBB）

142 人間と語るオリュンポスの神々

デルフィ♥ギリシャ共和国

ギリシャ文明は紀元前一二〇〇年ごろ、ギリシャ、イオニア海、エーゲ海、地中海の島々の間で、同じ風俗、伝統、文化を持つ人々はすべてギリシャ人のヘラス（仲間）であったが、それ以外の人たちは「バルバロイ」と呼んで、厳しく区別していた。

紀元前八世紀には、数百というポリス（都市国家）がつくられたが、アッティカ地方のアテナイ（アテネの古名）とペロポネソス半島のスパルタが双璧で、地中海周辺に勢力をのばしていった。

スパルタは保守的で少数支配体制をとり、アテナイは進歩的で市民が参加する民主的な政治を行っていた。アテナイの中で最強の地位についた政治家のペリクレスは美術と文化を育成し、人間の普遍的な理想像は肉体の均整、精神の苦悩、神秘性に美があるとして追求した。神聖な彫刻は神殿のファサード（正面）や屋根を飾り、神殿内に崇拝の対象として安置され、二〇世紀初頭までヨーロッパの芸術家に大きな影響を与えてきた。

各地のポリスが分離独立していたにもかかわらず、同じギリシャ文化圏に属するギリシャ人は、信仰の中心地や神域を共有していた。古代ギリシャの人々は、神々が神託という形をとって人間に語り働きかけると考えていたからだ。

オリンピック競技が行われたオリンピアのゼウスの神域や、神託の地として全土から参詣者を集めたドドーナ、デルフィのアポロン神殿などが象徴的である。

人間の父であるゼウス、夫婦愛の象徴と女性の職業の守護神ヘラ、ゼウスの頭から生まれ、芸術と科学をつかさどる知恵の女神アテナ、詩と音楽の守護神アポロン、海の神ポセイドン、戦争の神アレス、狩猟の女神アルテミス、豊饒と農業の女神デメテル、美と愛の女神アプロディテ、かじ屋で火の神ヘファイストス、葡萄酒の神ディオニュソス、神々の使者ヘルメス、森や泉に住むニンフやサテュロス、学問と芸術をつかさどる九人の女神ムーサなど、ギリシャには実にさまざまな神がいる。

2004年

アポロン神殿

デルフィ遺跡の中心をなすアポロン神殿は古代の聖域であり、そこが世界の中心であった。現存する柱と土台は紀元前370年ごろのもので、プレイストスの渓谷を背にそびえ立つ光景は威厳に満ちていた。

143

首都に完成した小児がん専門病院

ウランバートル♥モンゴル国

東方バヤンズルフ、西方のソンギノ、南方聖山ボグド、北方のチンゲルテイの四山に囲まれ、平原の烈風から守られる盆地にモンゴルの首都ウランバートルはある。標高千三百五十一メートル、平均気温一九・三度、降水量は二六三ミリで、大部分が夏に降る。

モンゴルといえば、どこまでも続く草原、点在するゲル、羊や馬の群れなどを想像するが、チンギスハーン国際空港から車で約三十分走ると、面積千三百五十九平方キロ、総人口の三分の一を超える百十一万人が住む経済の中心地ウランバートル市街に入る。

全国の電力使用量の四分の三がここで使われている。工場地区は市街地の西部へのび、高層住宅は東部、南部へと続き、市街地を取り囲む丘の頂きにまで住宅が密集している。

メインストリートの両側にはブランド品、高級品が店先を飾り、ネオンもまぶしく点滅し、高級レストラン、エステサロン、サウナなどが並んいる。

二〇一四年八月二十八日、ウランバートル市内にある母子センターの横に七階建て、五十床の小児がん専門病院のオープンセレモニーが行われた。

建設に心血を注いだのはチベッ仏教の高僧アジャ・リンポチェ師。師は、中国青海省でモンゴル族の子として生まれた。そんな縁もあり、モンゴルに役立つことをしようと発願されたのだった。モンゴルでは、まだまだ病院の数が足りなく、ましてや病気になった子供が母親と一緒に治療できる病院は皆無に近い。それが小児がん専門病院をつくる動機となった。

当日は好転に恵まれ、アメリカ、カナダ、イギリス、中国、台湾、日本からも多くの来賓がお祝いに駆けつけ、アジャ・リンポチェ師の偉業を称える賛辞のスピーチが続いた。

施設は病棟だけでなく、医師やそれに携わる多くの医療関係者の技術向上のための研究所、宿泊設備も別棟に建てられた。中央には大きな薬師如来像も鎮座していた。モンゴルの医療関係者と外国で行われている治療技術や操作のレベルアップを目指してスタートした記念すべき日であった。

2014年

モンゴル国における子供のがん治療センター

アメリカ在住のチベット仏教高僧の慈善事業で設立された子供の血管疾患とがん治療センター。母と子供が一緒に治療を受けることのできる施設で、2012年5月9日の地鎮祭から2年の歳月をかけてようやく完成した。

144

大自然に抱かれ暮らす誇り高きナシ族

雲南省麗江♥中華人民共和国

麗江は昆明から約六百キロ、大理から約二百キロのところにある標高二千四百メートルの町。石畳の道、清らかに流れる水路、架かる橋、井戸、木造瓦屋根のナシ族の家々が両側に建ち並び、迷路のように入り組んでいる。

昔ながらの美しい水路に見られる古い町並みは往時の趣を今に映し出している。麗江は宋代の末期に開け、明代には古城の町として、清代以降は雲南、四川、チベットに通じる物資の集散地として栄えた。とくに薬とお茶の交易で町は大いに潤った。一九九六年の大地震で建物が崩壊するなど大きな被害を受けたが、麗江古城の世界遺産登録を契機に復興が進められ、今ではほぼ完全に修復され、当時の町並みが再現されている。

麗江の北十二キロのところにナシ族の村がある。ナシ族は、唐代の古楽の伝統をつなぐナシ古楽、そして宗教を持っている。また、象形文字のひとつ、トンパ文字を使う独自の文化がある。トンパ文字はナシ族の間で約千年にわたって使用され、世界最後の生きた象形文字といわれている。民間の故事や伝統、宗教教典などで使われ、とくにナシ族が崇拝するトンパ経の教典に使われたことからトンパ文字が生まれた。二〇〇三年には世界記憶遺産にも登録された。

十三の峰が連なる真っ白い雪の峰、玉龍雪山（最高峰、標高五千五百九十六メートル）は、ナシ族にとって神が住む山であり崇拝の対象である。雪を頂いた山の姿が、空を飛翔する銀色の龍に見えることから「玉龍雪山」と呼ばれるようになった。

ナシ族は、袖口の広い上着の上に紺かエンジ色のベストを着て、紺か黒のズボンをはいている。ズボンの前にはタックがたっぷり入った丈の長い前掛けをしている。背中につけた「七星羊皮」と呼ばれる肩掛けの七つの白い円盤は北斗七星、その中心から七つの白いひもは星の光、円盤を縫いつけている黒い部分は夜空を表している。それは朝から晩まで働くナシ族の女性の勤勉さを意味している。

麗江古城の入り口で、北海道からきた女性のカメラマンに再会した。ナミビアで会って以来だった。日本でもなかなか会えないのに……。お互いに抱き合い、喜んだことが昨日のことのように思い出される。

2014年

古都・麗江

玉龍雪山に抱かれた古都・麗江の旧市街地は白族と漢族の影響を受けた伝統的な住居形式の建築物が建ち並び、1997年に「麗江古城」として世界遺産に登録された。

145

北極幻想の世界「オーロラ」

アラスカ州チェナ・ホット・スプリングス♥アメリカ合衆国

天空を仰ぐイヌイットの老猟師のトビ色の瞳に、東の空から中天へ、青、黄色の光がめまぐるしく形を変えながら走った。

驟雨《しゅうう》のかたちになって西天に降り注いだと思うと、その尾翼が北に向かって立ち上っていく。それも瞬時にして頂近くに達し、天の真ん中あたりから赤に黄金に色を交えて大きく北西へとしだれ下っていった。

それは太陽風が、地球の磁場に注いで起きる現象であるというオーロラ――。黄金の色を帯びてしだれ、斜めに立ち上がる色が薄紅からさまざまな色を交えて、カーテンに近い姿になってひるがえった。それは北、南極の磁場に入ってその空に起きる地球の独特の現象である。

一年のほとんどが氷と闇に閉ざされている地球最果ての地で、人生のすべてを生きてきたイヌイットの老人の瞳が印象的だった。四方の幸せを秘めて輝くオーロラの不思議な世界を見るその目は、苦しいかったことのすべてから解き放たれたかのように安堵に満ちていた。

今もはっきりと理由のわからないこんな妖異な自然の下に生きるイヌイットの人たちが最も恐れるのは、十数年に一度、太陽の黒点の変化の影響によって全天をおおい狂った想像を絶する魔界の現象に出遭うときである。

暗黒の世界と無限の時間の中を、真紅のオーロラの渦が、あらゆる形をつくって天全体をおおい渦巻き狂う。

――外は音のない天使か悪魔のバレーの狂宴。

ようやくその狂宴が終わったときには、そんな現象を見続けたイヌイットの人たちは制御のできない衝動に襲われる。

ブリザードの吹き荒れる闇に閉ざされた最果ての北の地の想像をはるかに越えて、あらゆる天使と悪魔と妖精の繰り広げるこのオーロラの世界は、イヌイットの人しかかいま見ることのできなかった音のない異次元の世界であり、妖異の祭典でもあった。

（生駒忠一郎の未発表原稿から）

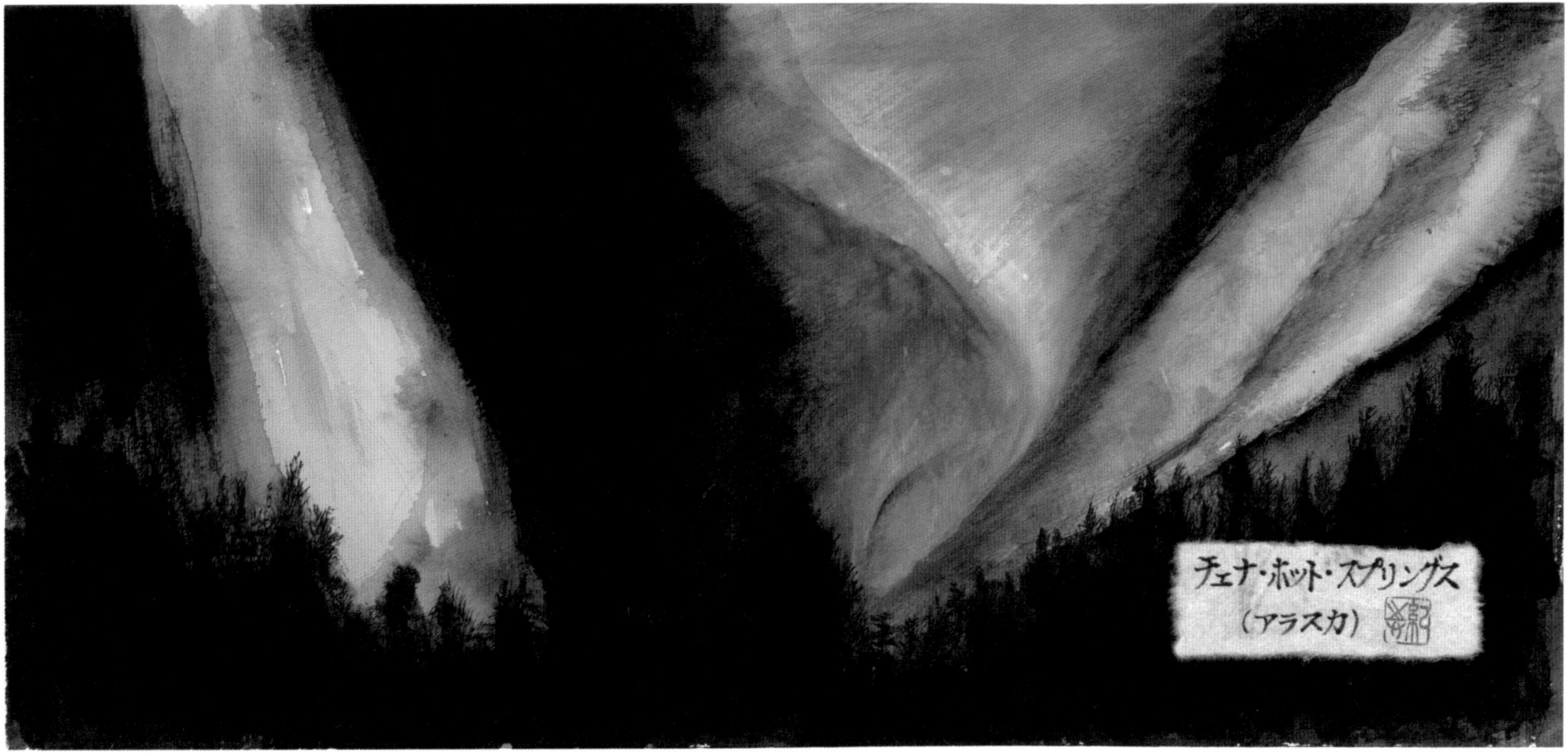

2004年

チェナ・ホット・スプリングス

アラスカ第2の都市フェアバンクス近くの温泉リゾートは、観光客でにぎわう。なかでも日本人に人気なのがオーロラ鑑賞で、条件がよければ、露天温泉に浸りながらオーロラが見られる。

146

僧侶と庶民が織りなす生前善行の町

ルアンパバーン♥ラオス人民民主共和国

ラオスは、中国、ミャンマー、タイ、カンボジア、ベトナムの五カ国に国境を接し、日本の本州ほどの広さを持つ海のない内陸の国である。ラオス北部は国土の七〇パーセントが千～二千メートルの峰が連なる山岳地帯で、山あいの村では少数民族（モン族、ヤオ族、アカ族など）が、独自の文化を継承し、今日に伝えている。

メコン川に注ぎ込むナム・ウー川を小さな舟でさかのぼる。この川は、中国国境を始点とし、ルアンパバーンでメコン川に合流する四百四十九キロを流れるラオス最大の支流である。人口数万のこの町は、一六世紀にビエンチャンに都を遷すまでラオスの首都であった。山がちで、交通の便がないこともあり、ランサン（百万頭の象の意）時代やフランス植民地時代の面影が現代にも残っている。一九九五年、世界遺産に登録された。

毎朝、暗いうちから僧侶の托鉢が行われている。僧侶の行列に始まり、少年僧も続く。この国の男児は一度は出家僧になるのだ。東南アジアの真髄ともいうべき「徳を積むこと」。生前中に善徳を積めば積むほど死後の世界が救われるという生前善行の教えに基づいて、人々は僧侶を大切にし、供物をすることが当たり前のように、何百年も昔から繰り返し繰り返しなされてきた。夜明け前から行われる托鉢という儀式は、僧侶と庶民との喜捨という神聖な行為である。

多くの人々が、盆に供物の果物やカオニャオ（餅米）やバナナや竹の葉に包まれた蒸し鶏、お菓子、お金など布施する物を用意し、道に出て僧侶を待つ。

僧侶が喜捨を求めて町を素足で列をなして練り歩く。人々が仏教への帰依を表す行為であった。オレンジ色の僧衣を着て托鉢用の器を各自肩からかけ、女性信者は立ち膝、男性は立って目の前を通り過ぎゆく一人ひとりの僧侶に供物を寄進する大切な時間であった。

道ばたに僧侶の読経が響く。

明るさが増し、静かに一日が始まる……。

2014年

僧侶の托鉢と庶民の喜捨

ラオスの人々は信仰心にあつく、僧侶の托鉢と庶民の喜捨で一日が始まる。僧侶の読経が町に響き、整然と行列をなすオレンジ色の僧衣がまばゆい。

147 神秘の世界をつくるツチボタルの洞窟

北島ワイカト地方♥ニュージーランド

赤道を挟んで日本とは緯度・経度が対極に位置する南太平洋の島国、ニュージーランド。北と南の主要な島と、多くの小さな島々からなっている。

伝説によれば、千年ほど前にハワイキと呼ばれる島から海を渡ってきた最初の移住者が、マオリ族の祖先であった。マオリ族は数百年以上にわたって独自の文化を築き、自然を尊ぶ言い伝えや神聖な場所をいたるところに残してきた。

伝統舞踊「ハカ」もそのひとつで、マオリ族の男性が戦いに挑む踊りである。国技といわれるラグビーの試合前に踊る「マオリ・ダンス」も「ハカ」を源流としており、なるほど男性の力強さがよく表現されている。

北島のワイカト地方にあるワイトモ洞窟には、ツチボタル（グローワーム）が生息している。二枚羽の発光性の昆虫で、湿度のある場所を好み、ネバネバした糸を二十から三十ミリ、長いものでは三、四十センチもたらす。

ワイトモ洞窟は百十五年ほど前にマオリ族によって発見された、長い時間をかけて形成された美しい鍾乳洞である。

天井に一本のワイヤーが張られ、洞窟を案内するガイドがそのロープをたぐりながらゆっくりと洞窟をめぐる。

奥へ奥へと進むと、洞窟内は満天の星が輝くように青白く光り、幻想的な雰囲気に包まれる。その正体は、ヒカリキノコバエといわれる昆虫、ツチボタルにあった。ツチボタルが放つ光は世界の不思議な現象のひとつ。闇の中で無数のホタルが繰り広げる光景は神秘的ですらある。日本で見る飛ぶ蛍とは違い、岩や砂地にくっついて青々とした光を放つ。

幼虫は粘着性のある糸を体内から出し、しずく状の玉となって壁面にぶら下がっている。青緑色の光で虫をおびき寄せて粘液でからめ取り補食する。

大自然のエネルギーに満ちた太古の森、パワースポットの数々。マオリの人たちが大切に守り続けてきた環境を破壊しないように環境保全に取り組むことの大切さを痛感した。

2006年

ワイトモ・グローワーム・ケーブ

オークランド郊外のワイトモにある鍾乳洞「グローワーム・ケーブ」が圧巻。ボートに乗って洞窟の中を進むと、天井に群生するツチボタルが光を発しており、その美しく不思議な光景に感動した。

148

東ゴビ砂漠の中のパワースポット

東ゴビ♥モンゴル国

東ゴビは、ウランバートルから南へ四百五十キロの地にあり、標高千メートル、古代恐竜の化石が多く出土するところとして知られている。

ディーゼル車に引かれ、数えきれないほどの貨車を連ねた列車がゆるくカーブしながら、のんびりと中国の国境の町に向かって走っていった。

モンゴルの鉄道は一九四九年、モンゴルとロシア政府の出資によりウランバートル鉄道として発足した。それ以前は一九三八年、ウランバートルから炭鉱のあるナライフまで四十三キロを七百五十ミリの軌道（ナローゲージ）で結んだ軽便鉄道であったが、その後、一九五一年に中国国境のエレンホトからソビエト連邦のナウシキまで千百十三キロの南北縦断鉄道が建設された。

今では、モンゴル東北部のシベリア鉄道の支線をソロベニスクからモンゴル国内まで路線が敷かれ、貨物鉄道と合わせ総延長千八百キロを超える。

ディーゼル車に牽引された五十両編成の列車が、ゴビ砂漠の真ん中で止まった。止まったところは駅舎のない停車場だった。すると待っていた乗客が乗り込んでくる。

中国との国境の駅に着くと、軌道ゲージの違いで一両ずつ切り離していく。軌道を合わせる貨車積み替え作業が始まった。このために三時間余の停車時間が必要となるのも、国境駅ならではのことである。

東ゴビの最も大きな砂丘の中心にハマル寺院があった。

一九世紀、教育者、文学者、詩人であったダンザンラブジャーは僧院のほかにも公立学校、劇場、博物館、図書館を設立した。とくに女性の地位向上を目指し、多くの歌をつくり、モンゴル文化の発展に大きな影響を与えた。

ハマル寺院は「赤いセクト」といわれる重要な場所で、大小の洞窟があり、ラマ（高僧）にとっての瞑想や修行の場であった。現地の言葉でシャンバリーンオロン（天国）と呼ばれ、強力なエネルギーに満ちているところで知られる。

空を見上げて真っ赤な色に焼けた大地に身を置くと、地球から噴出するエネルギーが充満すると信じられ、多くのモンゴル人がやってきて寝そべっていた。

2002年

聖地シャンバラ

モンゴル南部の広大なゴビ砂漠に「世界エネルギーセンター」と呼ばれる聖地シャンバラ・ランドがある。そこは真っ赤な石の大地で、相当量の磁場が放出されており、巡礼者は寝ころがってエネルギーを吸収していくそうだ。

149 ヒンドゥー教と仏教が混在する町

カトマンドゥ♥ネパール連邦民主共和国

ヒマラヤは、サンスクリット語のヒマ（雪）とアラヤ（住居）の合成語で、ネパール語ではヒマールと呼ばれ、タウラギリ（白い山）をはじめ、海抜八千メートルを超える高峰から二百メートルに満たない平原部で成り立っている。

十四万七千平方キロ余の土地に三十を超える言語、六十余の民族が暮らすネパールは、熱帯のジャングルから極寒の山岳の地まで多様な気候区分が特徴だ。

稲作農業と畑作、牧畜、ヒンドゥー教徒と仏教徒、インド・ヨーロッパ語族とチベット・ビルマ語族の人々が住み、ネワール語やグルン語などを母国語とするネパール人も多い。民族、文化、価値観が共存する国でもある。

カトマンドゥは標高千三百三十メートルの盆地にあり、東西二十五キロ、南北十九キロのヒマラヤの南麗に広がる平地である。ネパール王国の首都として栄え、周辺には古い寺院が数多く、ヒンドゥー教や仏教が混在しネパールらしさを醸しだしている。人々の信仰心は深く、寺院はどこも祈りを捧げにくる人々でにぎわっている。

盆地の南にはプルチョッキ（二千七百六十メートル）、北にウァプリ（二千七百二十五メートル）、東にはヒマラヤを眺めることができるナガルコット（二千百七十四メートル）、西にはインド・ランタン（千八百五十五メートル）と、カトマンドゥは二千メートル級の山々に囲まれている。

ネパールではクマリ（生きた女神＝少女）への信仰が根強い。大女神ドゥルガーや昔のネパール王国の守護神であるタレジュ女神、仏教の密教女神ウァジラ・デーヴィーの生まれ変わりとされており、カーストの金細工師の家族から選ばれた後、両親の元から引き離され、神としての振るまいを教え込まれ、病気治療や祈願占いなどを行う。クマリ館にはクマリ・チョークと呼ばれる中庭があり、正面の窓からロイヤル・クマリが顔を出してくれる。カトマンドゥのクマリが特別だったのは、国や国王に関する予言を行うことができ、国王であってもクマリの前にひざまづいて祝福のティカを受けていたからである。

生き神様クマリは、カトマンドゥだけでなく他の町にも多数存在し、直接会うことができる。これをローカル・クマリと呼ぶ。

2015年

カトマンドゥのクマリ館

女神ウァジラ・デーヴィーの化身として崇敬を集めるロイヤル・クマリの住む館が、カトマンドゥの中心地ダルバール広場（王宮広場）にある。路上で手づくりの工芸品を売るネワール人の姿も見られた。

150

ギター演奏を聴きながら国境越え

タリン♥エストニア共和国

　エストニアは、バルト三国の中で北に位置している。国土は北にフィンランド湾、西はバルト海に面し、フィンランド、ラトビア、ロシアと国境を接している。面積は九州本島の一・二倍ほどの約百五十九平方キロで、最高標高も三百十八メートルで平坦、人口百三十万人ほどの小さな国である。民族構成は、エストニア族とウラル語族の東スラブ人、ノルマン族から成り立っている。

　首都タリンは、エストニア語で「デンマーク人の城」の意で、一三世紀にデンマーク王が築いた軍事拠点であった。南北一キロ、全長四キロの城壁に囲まれ、四十六の見張りの塔があった。一六世紀にかけてはハンザ都市として栄えた港湾都市でもあった。現在は国民の三分の一、四十二万人が住む。

　八百年の歴史を持つタリンの中心は中世の雰囲気が漂い、トームペア城がある「山の手」と、ドイツ商人の居館があったハンザ同盟都市レヴァル（旧名タリン）の低地に広がる「下町」に分かれている。

「太っちょマルガレータ」と呼ばれる砲塔は高さ二十メートル、海から町を望んだときに難攻不落な印象を与えるためにつくられたようで、当時はすぐ目の前まで海が迫っていた。

　役割を終えた後は、倉庫や兵舎、監獄として利用され、現在はエストニア海洋博物館となっている。館内の展示物はユニークな方法で飾られ、昔の鎖製の重い鎧を身につけた中世の騎士の強力さを体感することもできた。銃眼跡からは旧市街や港を展望することができる。

　町の高台にあるトームペア城の一角に五百二メートルの塔がある。一五世紀の建立当時のまま残されている「聖母マリア大聖堂」は、トーム教会とも呼ばれ一三世紀に建造されたものである。

　ラトビアからエストニアへの国境越えは至極簡単。チケットを買うときのパスポートチェックだけで済む。長距離の移動のバスの中で、同乗者がギター練習をするといって、ラトビアを越えエストニアに入ると演奏が始まり、真夜中の終着までの時間が短く感じられた。それに、とても親切な同乗者であった。

2008年

世界でもっとも美しい町

石畳の町並みが中世の時代を彷彿とさせる。旧市街を取り囲む城壁と多くの歴史的建造物が多く建ち並び、「世界で最も美しい町」のひとつに数えられている。1997年に「タリン歴史地区」として世界遺産に登録された。

151

仮面舞踊で仏教説話を教える

パロ♥ブータン王国

美しく豊かなパロ渓谷の東山麓、パロ川の流れの対岸上方に白壁と美しい木彫の窓飾りを持つ巨大な「パロ・ゾン」が現れる。ゾンとは、もともと「城」という意味で、パロ谷の北端に近いチベットの通商路を抑える城塞として一〇世紀に建てられた。現在は県庁と僧院が一緒になった施設として機能している。

雷龍の国ブータンの国旗には、伝説にちなんだ龍が描かれている。一二世紀、チベットにブータン仏教の開祖となる運命の男の子ツァンパが生まれ、成人するとラマからブータンに行くように命じられた。そして峠の空に三本の虹がかかった。雲ひとつない空に轟いた雷鳴を龍の祝福の雄叫びと信じ、国の守護神、平和の神としてブータンの象徴にしたのが由来である。

一七～一九世紀までの三百年ほどがゾンの最盛期で、一七世紀の初めにチベットからやってきたラマ教の高僧ナワン・ナムギャルがブータン仏教と政治に変革をもたらし、宗政一致の体制を敷いた。

ゾンには、仏具や祭礼用具が収納されている。仮面舞踊に用いられるマスクやチベット特有の巨大なホルン、壁画をはじめ、ツェチュ祭に欠かせないクライマックスの未明に開帳される壮大華麗な総絹アップリケ仕上げの秘仏トンドルも収納されている。

信心深いブータンの人々は仮面舞踊劇を真剣に見入る。寸劇の「閻魔の裁き」は、善行と悪事を働いた人が閻魔大王の裁きを受け、次に生まれる場所が決められるというのが筋書き。仏法守護や悪霊調伏の「仏教説話」を仮面舞踊を通して学習していくのである。

ブータンは農業国で、赤米種の水田稲作が盛んである。赤米はおいしくて滋養があり、体力がつくといわれ、比較的冷涼な気候に適している。ブータンの家屋は一様に正面に土塀があり、木の門構えには厄除けのために牛の頭蓋骨が飾られている。農家の二階三階は厚い木の床板を張った居間、台所、仕事場で、二階には極彩色の立派な仏間がある。生命の消滅という観念がなく、位牌や墓をつくることはない。人間の周りにいる生き物は、どんな先祖が転生したものかわからないと考えられているので、ブータンの人々は殺生することを最も嫌う。

1999年

仮面舞踊劇で有名なツェチュ祭

太陰暦で月の10日目にあたる日を祝う年中行事。ブータン中の寺院、僧院、ゾンで数日にわたって繰り広げられる。演じるのは僧たちでカラフルな衣裳と仮面をつけ、踊りながら因果応報や輪廻転生の理を説いていく。

152

誇り高き文化を持つブルガリア

コプリフシティッツァ♥ブルガリア共和国

ブルガリアは、ルーマニア、セルビア、マケドニア、ギリシャ、トルコに国境を接し、東に黒海がある。

アジアとヨーロッパの接点にあるこの国は、自然と古い文化が息づき、二〇度から一〇〇度の温泉が全国八百カ所にある。東方正教会やリラの僧院、パチコポ僧院、ソコル僧院、南ブルガリアの国ジェン僧院など、木彫りのノコノスタシスや奇蹟を起こすといわれるイコンが並ぶ大小の僧院や教会が、それぞれ個性のある建築様式で建てられ、精巧な壁画で飾られている。

紀元前四～三世紀、トラキア人によってつくられたトラキア墳墓は、カザンラク近郊とスヴェシュタリ村の二カ所にあり、いずれも世界遺産に登録されている。首都ソフィアから東へ車で二時間ほどのところに、美術館都市「コプリフシティッツァ村」がある。標高千六十メートルの山に囲まれた谷間の村は、全体がミュージアムになっている。馬やロバが荷車を引いて、石畳の道を畑作業に向かう光景も絵になって美しい。

ブルガリア人の民族衣装には、その地方独特の模様が織り込まれている。小さな国ではあるが、民族によって衣装のデザインは、刺繍やレースに鳥や花などの絵柄が微妙に異なる。多神教とキリスト教が混ざり合って今日に文化として伝えられた名残だろうか。怖いマスクや衣装を身につけ悪魔を追い払うクーケル、燃える炭火の上を踊るネスティナールなど祭りも多彩である。

ブルガリアといえば、ヨーグルトで有名。その起源は六千年前、トラキア時代にさかのぼる。健康維持だけでなく、古代から季節の節目を祝う行事にも取り入れられてきた。

「聖ゲオルギの日」は、キリスト教の殉教者で羊飼いと家畜の守護神となっているゲオルギの祭日で、この日から羊の放牧が始まり、搾った乳をその年初めてスタータ―（種菌）を使って発酵させヨーグルトをつくる。これがその年の家庭のヨーグルトの味となる。夏の終わりを告げる十月二十六日の聖ディミタルの日までヨーグルトをつくり続ける。翌年の聖ゲオルギの日までは、つくり置いたヨーグルトを食べるのが習慣である。

2002年

コプリフシティッツァ村

スレドナ・ゴラ山脈の中、トポルニツァ川沿いに位置し、19世紀のブルガリア民族復興期の面影が残る。歴史的な建物や調度品、民族衣装、民族誌的な遺物が保存され、さながら村全体が美術館・博物館の様相を呈している。

153

嶺南地方にある回龍浦

慶尚北道醴泉♥大韓民国

醴泉《イェチョン》の回龍浦《フェリョンポ》は、慶尚北道《キョンサンプクト》を代表する川に囲まれた美しい村である。韓国でいちばん長い洛東江《ナクドンガン》の流れに連なって雄大な自然が広がり、支流の乃城川《ネソンチョン》が飛龍山《ビリョンサン》に遮られるように三六〇度方向転換して曲線を描いている。その乃城川の流れに囲まれた村が回龍浦である。

河川敷は輝くような滑らかな砂浜で、川の水は驚くほどに清らかで透明である。二十年ほど前に橋が架けられたが、それまで村人は川を歩いて渡っていたという。川岸に先祖が吉祥を願い植えた樹齢五百年のエンジュの並木が続く。川に囲まれた村は、美しい田んぼと共に生きてきた。田面をわたる風は爽やかであった。飛龍山にある長安寺への登山道は起伏に富み、ひと苦労するが、あえぎながら登りつめると、静かにたたずむ回龍浦村が一望できる。見るからに陸地の中の島といった趣だ。

村には、龍がとぐろを巻いて去っていったという伝説があるが、回龍台から眺めると、今にも飛び出しそうな龍の姿に見えるから不思議だ。

韓国内の表示は、昔は漢字表記もあったが、現代はハングルに統一されている。韓国語は表音文字のみで表されるので、なかなか理解できない。ハングル文字は、一四四六年に李氏朝鮮第四代国王の世宗によって制定公布された。漢字の変遷は日本でも見られ、漢字が便利な文字である半面、音韻体系と文法が複雑かつ難解であったため、漢字の音を借用した万葉仮名が用いられた。しかし、韓国では朝鮮語の音韻に見合った二十八文字の独自の表音文字を創製したというわけである。

ハングルは十の母音と十四の子音の組み合わせで成り立っている。文字は合理的で、発音器官を模しており、子音の発音は歯・唇・舌・喉などをかたどっている。例えば「喉をしぼりこんだ形」「舌を曲げて上顎につける形」「口をつむった形」「つむった口から息を出す形」というように、母音と子音を組み合わせて一つの文字を表現している。

ハングルは、風の音や動物の鳴き声、世界各国の発音を正確に書き留めることができるというが、なるほど興味をもってハングル文字を見ると、世界のいかなる文字系統にも属さない固有の文字を創りだした民族の誇りに感嘆してしまう。

2010年

一筆書きのような回龍浦

川が山を囲んでいるような珍しい地形で有名。きれいな水と広い白砂浜が調和した自然景観は、まさに天の恵み。韓流のさきがけとなった人気ドラマ『秋の童話』のロケ地になったことでも知られる。

154

大自然が身近なアメリカ西海岸の町

オレゴン州ポートランド♥アメリカ合衆国

ポートランドは、アメリカオレゴン州の北西部に位置し、バラの都といわれている。ウィラメット川とコロンビア川との合流域にあり、カスケード山脈にはオレゴン州最高峰のフッド山をはじめ高山が多い。面積約三百五十七平方キロ、日本国土の約七割。太平洋から湿った暖かい空気がカスケード山脈にぶつかっておだやかな気候をもたらし、夏でも平均気温が二〇度程度で実に過ごしやすい。

海から百六十キロも離れているにもかかわらず、全米屈指の港湾都市で、自動車の輸出入はトップスリーに入る。

一八二五年ごろからコロンビア川流域を中心に毛皮取引が盛んに行われた。ウール一〇〇パーセントのラグ（毛布）を織る工場が集積し、ニュージーランドから輸入した原毛を使って美しいネイティブアメリカン文様を織り続けている。広い工場では原毛を染色し、撚糸にした糸をねじり、紡績師によって伝統技術が受け継がれている。ブーツメーカー、手漉きの紙などユニークな店が並んでいる。

オレゴンの歴史は、ヨーロッパ人が移住してくる前には約八十の先住部族がいた。なかでもポートランドはシヌーク族の本拠であった。

ポートランドの地名は一八四五年、土地所有者のマサチューセッツ州ボストン出身のエーサ・ラグジョイとメイン州ポートランド出身のフランシス・ペティグローブの二人がコイン投げをし、ペティグローブが勝ったことで出身地名を都市名にすることが決まった。

一八〇三年にトーマス・ジェファーソン大統領がミシシッピ川以西のルイジアナをフランスから買収すると、西部開拓が始まり、一八四〇〜六〇年にかけてのゴールドラッシュで大勢の人が西へ西へ移動した。ポートランドもその波に乗って開発が進み、近年は自然に調和したハイテク農業の発展に力が注がれている。

ポートランドの土地利用計画は定評がある。ダウンタウンのすぐ近くまで巨大な木が生い茂る大自然を身近に感じながら、町の規模を適度に保ち、肥沃な大地を大切にした食糧生産など、人間と自然を取り巻く環境優先の町づくりを推進している。

2017年

ポートランドの自然環境

人々のための自然地域設置への投資を積極的に進めてきた結果、ポートランドには3つの州立公園をはじめ多くの公園が点在する。全米最大の都市公園フォレストパークは原生生物を保護しており、国際バラ試験農園、日本庭園まである。

155

トナカイと共に生きる遊牧民

北部タイガ地帯♥モンゴル国

モンゴルの大地は、五千メートルを超える山岳地帯、針葉樹におおわれたタイガ地帯、なだらかなステップ地帯の草原、南部には荒涼なゴビ砂漠が広がり、実に起伏と変化に富んでいる。

タイガ地帯に属するのが西北部で、ここにはモンゴル第二の大きさを誇るフブスグル湖がある。ウランバートルから八百キロの距離にあり、その大きさは面積二千七百六十平方キロ、南北百三十六キロ、東西四十二キロに及ぶ。最大深度は二百六十二メートルもあり、世界有数の水量を誇る。

モンゴル北部の山間部にあるフブスグル湖は夏でも涼しく、八月下旬には短い秋が終わり冬となる。湖面は厚さ五メートルに達する氷におおわれ、次の年の六月まで氷は溶けることなく残り、春と夏が一緒にやってくる。

透明度も三十メートルの深さの魚が認められるほどで、「モンゴルの青い真珠」とも形容される。周囲の美しい山脈を縫うように清らかな河川がいくつも流れ、春や夏に咲き誇る草花がまばゆい。ユネスコの自然遺産登録に向けた取り組みも始まったところだ。

ツァー（トナカイ）、タン（持つ人）の意を持つツァータン人たちは、かつては森の中でトナカイに乗って移動し、狩猟と採集を生業としてきたが、二〇世紀半ばからトナカイ飼育中心の生活になっていった。

ツァータンの住居はウルツ（テント）と呼ばれ、木を円錐形に立てかけた骨組みの外側に厚手の布を巻きつけただけの素朴なつくりで、室内の真ん中にストーブがある。天窓は太陽、屋根の梁は光、壁は山を表している。入り口は太陽の昇る東に向けられている。

寒さに強いトナカイは、密集した毛と立派な角を持っている。角の表面はビロードの布のようにフワフワの毛が生えている。ツァータン人たちは、トナカイの生態に合わせて山間部や山頂に移動し、冬には雪深い森の中に生えているトナカイ好物のコケを求めて、年間二十カ所ぐらいを移動している。

彼らは今でもシャーマニズムを信仰し、独自の生活習慣や伝統を厳しく守っているのである。

2015年

ツァータン（トゥバ民族）

ツァータン人は、トゥバ語を母語とする民族で、自らは「トゥバ人」「タイガ（針葉樹林帯）の人」と名乗る。飼育したトナカイの角は漢方薬として珍重され、肉やミルクは食品として、毛皮は衣料品や靴などに利用されている。

【随想】

公益財団法人渋沢栄一記念財団機関誌『青淵』第822号（2017年9月）再録

アマゾンの熱帯雨林に生きるヤノマミ族

ヤノマミとは「人間」を意味する。彼らに言わせるとヤノマミ族以外は人間ではない。現代にはとけ込まず、約一万年以上前から祖先の伝統や文化を誇りとして守り続けながら今日を生きる人たちである。

アマゾンの支流オリノコ川をさかのぼり、マングローブの地上根をくぐり抜け、彼らの集落にたどり着いた。

アマゾン川の高低差はわずか二〇〇メートル。豊かな水量に恵まれ、川の流れは早い。支流で水涸れすることなく、熱帯雨林を潤している。

ようやくたどり着いた集落に、ヤノマミ族の大きな円形の住居、シャボノがあった。巨大なドーム型の屋根とヤシの葉の壁の簡素な住まいに、狩りに出かけている四家族を除き、九家族がそれぞれの場所に炉を設け一家族ずつが住んでいる。お互いに親類縁者ではない集まりらしい。炉のまわりにはハンモックが幾つか吊り下げられているだけだった。女たちは綿の糸を束ねた房飾りで前をかくし、体の前後にタスキ状にビーズの飾りをつけている。女は、鼻柱に小枝の串を通し、唇《くちびる》の両角と下唇に短い串をさしている。子供たちは男も女も生まれたままの姿であった。大人は男も女もオカッパ頭で、てっぺんは大きく丸く剃《そ》られ、赤く塗られていた。男はフンドシ、顔や体にはペイント。下唇の奥は葉巻状のタバコを含んでふくらんでいた。体型は小ぶりだが、顔立ちは日に焼けてたくましかった。九家族の中に二人のシャーマンがいる。エクワナという幻覚剤を鼻の粘膜に吹き込まれると覚醒し、森の生き物と交信が出来るという。シャボノに着いたときはちょうど交信の最中であった。言葉はわからなかったが、歩き方からみると猿との交信らしかった。

幼年期には「男の子」、「女の子」と呼ばれるだけで名前はないという。自分たちの生まれた日も場所もはっきりしていないようだ。

ヤシの葉を重ね合わせただけのシャボノの中央は広場になっている。夜半に雷鳴がとどろき突風に外壁は吹きちぎられていた。雨雲が通り過ぎると中央には満天星と三日月が耀き、冴《さ》えわたっていた。

熱帯のアマゾンのジャングルに生きるヤノマミ族。人間も動物も植物も、この世に存在する万物のもとはすべて精霊であり、生死も精霊が決めると信じ、深い森の中に生きてきた。精霊は恐れるものではなく、会話し、精霊の心を読み、時に命のやり取りをするものである。地上の死は死ではない。死ねば精霊になり、天で生きると信じる精神。彼らの地はこうでなければ生きていけない極限の世界でもあった。

「風の精霊がやってくると女は命を宿す」

妊娠した女たちは必ず森の中に入り、一人きりで出産する。生まれたばかりの嬰児《みどりご》は人間ではなく精霊のままである。人間として抱くか、精霊のまま天に還すかを、母となったその一瞬に決めるのだという。一万年以上にわたって続いてきた生と死を分かつ瞬間である。生きるために選択しなくてはならない厳しい決断。善悪を超えた森に生きるものの摂理、アニミズムの本質をつくものなのかもしれない。

森が乾く季節になると、川べりに蝶が群がる。モンシロチョウ、黄緑の羽根、黄色い羽根の蝶、アゲハチョウなど、種類ごとに一ヵ所に集まり乱舞する。蝶の乱舞は精霊が姿を変えたものと言われ、死者からの伝言を運んでくる。ヤノマミたちは折り重なったり、後ろから追っかける蝶の姿を見て、先祖からのメッセージを受け取っているという。

朝から男たちは狩りに出かける。足手まといになることを承知で、私は同行を許された。男たちは弓を持ち、ジャングルの中で四方八方に注意深く目をこらす。子供たちは美しい花を見つけると摘んで私の髪につけたくれた。

男たちが弓を引いた。バサッと大きな音がして射止めた鳥が足下に落ちてきた。

【随想】

悠久の歴史を今に伝える南インド

公益財団法人渋沢栄一記念財団機関誌『青淵』第８３３号（２０１８年８月）再録

インドは広い。デカン高原より南の逆三角形の頂点に向かい、ベンガル湾に沿って東ガーツ山脈、アラビア湾に面して西ガーツ山脈が走っている。北から南まで広範囲であり、人々の生活や文化も大きく異なっていた。

南インドは、ケーララ州、カルナータカ州、タミルナードゥ州、アーンドラ・プラデーシュ州と悠久の歴史が造りあげた建築、都市、巨大寺院、宮殿などの遺跡が無尽蔵に点在している。

北のアーリア人とくらべ、ドラヴィタ人は体型が小柄で、肌の色が濃い。

古代よりイスラームの文化の影響を受けることがなく、ドラヴィタ文化はのんびりした雰囲気を伝えてくれる。

ヒンドゥー教寺院の塔門（ゴープラム）は、南インド特有のもので、高い塔にはそれぞれ姿の違う神々がボリューム満点にびっしりひしめいている。

人々は信仰が厚く、多くの町には大寺院があり、暗い寺院の奥にはシヴァのシンボル、シヴァ・リンガが鎮座している。シヴァ崇拝は、男根崇拝と結びつき、それぞれの人々の考え方に合うように取り込まれ、シヴァの象徴として代表されるものとなった。内陣は信者以外の人は立ち入ることは出来ないが、ローソクの灯に照らされる堂内は、時が止まったように静寂であった。

ベンガルールを中心に、古都マイソール・ヴィジャヤナガル王国（一三三六～一六四九）が造りあげた都市遺跡のハンピは、トゥンガバドラー州の古名パンパーからついたと言われ、標高九二〇メートルの高台にある。

一〇〇年近い歳月をかけて七重の城壁を巡らせた王都が築かれた。岩だらけの荒野に人為的に造られた巨岩群が、ヒンドゥー王朝として南インド全域を支配し繁栄を極めた町となったが、イスラーム勢力によって破壊され、廃墟となってしまった。今では四〇あまりのヒンドゥー寺院の遺跡が点在しているだけである。

ほとんどが朽ちかけているハンピ遺跡ではあるが、最古のヴィルーバークシャ寺院にはバラモン（僧侶）が暮らしている。シヴァの化身と言われるヴィルーバークシャ神を祀《まつ》り、入り口は高さ五〇メートルもある立派なゴープラムが威厳を誇り、門をくぐると本殿、拝殿が現れる。その天井画や古い壁画に刻まれた神々の彫刻は見事なまでに緻密で複雑、絵解きのように語りかけてきて説明はいらなかった。

前庭では朝な夕なの決められた時刻に、神に花を供える象がゆったりと本殿に向かう。時代の流れを感じさせない光景であった。寺院に詣でる女性信者は、髪に生花の房飾りをつけ、供物を持って着飾ってやってくる。

地図にも表記されていないような小さな村にも、ヒンドゥー寺院が、祠《ほこら》と共に残されている。切り出した石を積み上げて造られたもので、北から南の地域へと、小さな寺院から大きなものへと変化していく様子を目にすることが出来た。

世界最大と言われる巨大彫刻「アルジュナの苦行」は、インド叙事詩の物語の一場面として描かれているもので、シヴァ神にまつわる神話が、高さ九メートル、幅二七メートルという巨大な一個の岩の表面に刻まれていた。岩の縦の裂け目を川に見立て、ヒマラヤの源流ガンガを象徴していると言われている。さらに北に進むと、目の前に何とも不思議な丸い石「クリシュナのバターボール」が、今にも転がり落ちそうな急な坂にバランスよく止まっていた。

様々な人種から成り立つインドは、言葉や宗教も様々で、紙幣には一七言語が印刷され多民族国家という言葉がぴったりと当てはまる。

南インドの旅は極彩色がはん濫《らん》、叫び声、砂ぼこり、汗臭さが渾然としてる。しかしその中を歩くうちに、人々との出会い、人のぬくもり、温かさを感じることが出来る。カーストに生きるガネーシャ（富の神）と名乗る男性との出会いは、現代インドを感じさせるもので、興味深いものであった。

〔川田きし江略歴〕愛知県名古屋市生まれ。愛知学芸大学（現・愛知教育大学）卒業。日本文芸家クラブ会員。㈲キリツボ企画代表。画家。油彩、日本画、水彩水墨を描き個展にて発表。メールマガジン「地球スケッチ紀行」「日本歴史散策」（月2回発信）。後に修正・加筆して画文集『地球スケッチ紀行①～③』、『日本歴史散策』を上梓。また、世界で出会った人に手作り絵本『夜叉姫物語』の翻訳を依頼し、その数は38カ国語に及ぶ。2007年～2009年、アゼルバイジャンにサクラの苗木（130本）を寄贈している。その他作品に、手作り絵本『バナナーン王国の大事件』、紙芝居『夜叉姫物語』『瀬戸銀座物語』『招き猫と泥棒』などがある。
住所：〒470-0114　愛知県日進市南ヶ丘1-27-2
メールアドレス：kiritubo_01@ybb.ne.jp

地球スケッチ紀行④　ふりむくと、そこは世界遺産だった

令和三年三月三日　第一刷発行

著者　川田きし江
発行者　大幡正義
発行所　株式会社人間社
名古屋市千種区今池一-六-一三　〒四六四-〇八五〇
電話　〇五二（七三一）二一二一　FAX　〇五二（七三一）二一二二
郵便振替〇〇八二〇-四-一五五四五
制作　有限会社樹林舎
名古屋市天白区井口一-一五〇四-一〇二　〒四六八-〇〇五二
電話　〇五二（八〇一）三一四四　FAX　〇五二（八〇一）三一四八
印刷所　株式会社シナノパブリッシングプレス

ISBN978-4-908627-68-2 C0026
定価はカバーに表示してあります。
＊乱丁本・落丁本は送料小社負担でお取り替えいたします。